失われた
アールヌーヴォー建築

小谷匡宏
Tadahiro Odani

リーブル出版

目次

CONTENTS

万国博覧会 ―その他の博覧会―

失われたアールヌーヴォー建築 ―各国編―

知られざるアールヌーヴォー建築

コラム

恐るべき想像か妄想力である——

建築家・隈 研吾

アメリカのバブルがはじける直前の１９８６年、ニューヨークで小谷匡宏さんと出会った。僕はコロンビア大学に籍を置きながら、ぶらぶらアメリカ中の建築を見歩いていた。小谷さんは高知からニューヨークにやってきて、二人でニューヨークをヘトヘトになるまで歩いて、１９２０年代、30年代のニューヨークで大ブームとなり、そして突然忘れ去られたアール・デコ建築を見狂った。もちろん高知からきた小谷さんと一緒だから、夜はニューヨークのバーを梯子した。

アール・デコとアール・ヌーヴォーとい

隈研吾さん（左）　筆者（中）　筆者の妻・髙木いずみ（右）
2020年11月隈研吾展で来高した時の写真。
隈研吾さんの先祖は長崎大村藩の家老。髙木いずみの先祖は同じ大村藩の藩士。

う建築様式は、工業社会の「きまじめな制服」であるモダニズムに駆逐されてしまった。しかし、僕ら二人は、その失われた様式の「ふまじめさ」にひかれて。何日も街を歩き回ったのである。

ふまじめ建築への小谷さんの愛はとどまるところがなくて、ついに海外に行けない時代にも、夢の中で建築を見て、本を書いてしまった。これは恐るべき想像か、妄想力である。

現地に行かなくても、ここまでリアルに建築を夢想できるのは、相手の建築にも特別な魔力がひそんでいるからである。工業化によって失われてしまった何物かが、間違いなく、ここにはある。小谷さんは、その何物かを感じる力を持っている。

夕陽に映えるエンパイア・ステート・ビルディング
完成1931年　102階建　高さ381m　工期13ヶ月

エンパイア・ステート・ビルディング
エントランスホール

はじめに

PREFACE

昨年（２０２０年）４月に前著『ハプスブルク帝国のアールヌーヴォー建築』を出版した。

その取材のため２０１８年、２０１９年の偶数月はすべて現地に赴いた。ハードで、かつ楽しい旅だった。

そしてまだまだ行きたい所がたくさんあって、次の本の計画をしていたら、コロナ禍がやってきた。海外はおろか国内旅行もできなくなった。コロナ禍はいつ終わるのか見当もつかない。無力感に襲われる。しばらくボーッとしているうちにパッと閃くものがあった。

そうだ。家に居て書けるものを書こう。その為には資料があるものが良い。

という割合単純な思考の末、『失われたアールヌーヴォー建築』を書こうと思い立った。

幸い資料は35年間、買い集めたものが充分にある。

問題は建築の実物が無いわけで、昔の写真に頼るしかない。

著作権が問題だ。しかし調べてみると、写真の著作権はその写真の著作者の死後70年だという。目的の建物はほとんど１１０年以上前のものなので大抵はクリアしているはずだ。

改めて蔵書を紐解いてみると、あるわ、あるわ、驚くほどあった。

まず万博をはじめとする博覧会の建築。これはごく少数を除いて壊されることが前提なので当然ない。しかも短期間のお祭り的建築なので時に過激で、アバンギャルドだ。

その暴れ具合がアールヌーヴォー建築にもってこいで、しかも1900年のパリ万博は、その絶頂期にあたった。

アールヌーヴォー建築の好きな人にとって、万博は最高のおもてなしとなった。

そして、面白いことがわかった。第2回オリンピックが1900年のパリ万博の余興として行われたという。その4年前の第1回近代オリンピックは1896年にアテネで行われた。

参加したのは男子のみ。14ヶ国、280人が参加し、競技は陸上、水泳、体操、レスリング、フェンシング、射撃、自転車、テニスの8競技。

第2回オリンピックは、提唱者クーベルタン男爵の祖国フランスのパリで、万国博覧会の付属国際競技大会として実施された訳だ。この大会から女子の参加も許された。

パリ万博は7カ月に亘って開催され、5086万人の見物客が押し寄せた。

失われたアールヌーヴォー建築各国編も古い写真なのにハッとさせられた。戦争で失われたものが多いのは当然として数多くの美しいユニークな建築が失われた。一方でブダペストやベルリンなど都市の大半が破壊されながらも不屈の闘志で再建された建築も多い。

今日、美しい街並を見られるのは、先人の熱意のたまものと敬意に絶えない。

改変された建物

アラドの好例、上・建設当時の写真、下・現在の改変された写真。

美しい建物だが、建設時の写真を見るととてもドラマチックで、変化に富んでいる。今の建物は平凡。初めて訪問した時に探しまわったが見つからなかった。２度目のアラド訪問で、改変されていることがわかった。

建築当初の写真

リニューアル時に改変された建物

万国博覧会

その他の博覧会

パリ万国博覧会（第13回）

1851年ロンドンで始まった万国博覧会は、1900年、節目の年にパリで開かれた。パリでは5度目だが、この博覧会は異様な熱気に包まれた。産業革命が成熟し、人々は都市に集まって住むようになり、かつてない好景気に沸いた。エクトール・ギマールがすべての駅舎を設計した地下鉄が開通し、会場には移動のための動く歩道まで造られた。

4月15日に始まった万博は7カ月間続き、史上最大の5086万人が入場した。この記録は1970年の大阪万博まで破られることはなかった。

時あたかもアールヌーヴォー建築の最盛期で1889年の万博で完成したエッフェル塔の下に各国がこぞってアールヌーヴォーのスタイルで参加した。そして会場入口には奇妙な門が登場し、エッフェル塔ごしにイルミネーションで飾られた水城宮が人々を迎えた。

祭りのあと、史上最大の建物群は、メイン会場となったグラン・パレ、美術館のプティ・パレを残して、すべて跡形もなく取り壊されてしまった。

博覧会ポスター

メトロ入口(天蓋付)　エクトール・ギマール

316. - PARIS. - Avenue de la Grande Armée

メトロ入口とシャンゼリゼ通り

天蓋付の入口はポルトドーフィヌ駅とアベス駅が現存する。
下の駅舎付は現存しない。

173. - PARIS. - Une Gare du Métropolitain (Bastille)

メトロ・バスティーユ駅　エクトール・ギマール　パリ

フランス館

女性のためのパビリオン

パヴィロン・ブル　レストラン　グスタフ・セルリュリエ・ボヴィ＆ロ・デュロン

フランス館

1900年パリ万博ポスター

1900年パリ万博全館共通入場回数券　ジェオ・ドリヴァル

イタリア館(奥)
ーヌ川を横断するアンヴァリッド橋に沿って設置された動く歩道(手前)

フランス　ボザール流会場ゲート　ルネ・ビネ
トップのパリジェンヌはポール・モロー

夜になると水城宮にはイルミネーションが輝き、
前の噴水が幻想的にライトアップされた。

電気宮殿(水城宮)ポスター

電気宮殿(水城宮)

ロイ・フラー・パビリオン　アンリ・ソヴァージュ

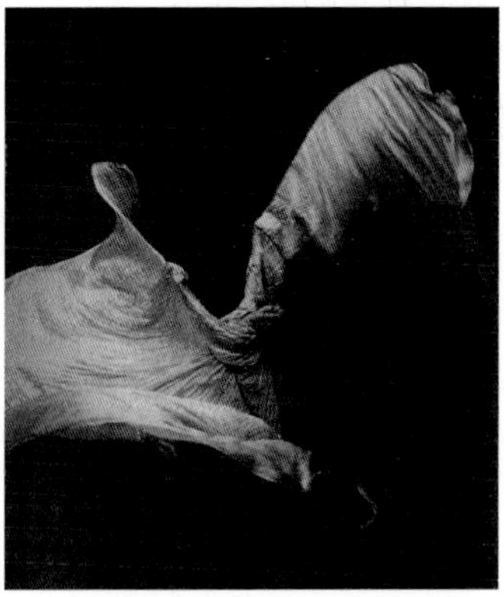

蝶のように踊るロイ・フラー

ロイ・フラーはアメリカ生まれの舞台ダンサー。
舞台照明もこなし、最初のモダンダンスパフォーマーと呼ばれた。

作品展示室　ルネ・ラリック

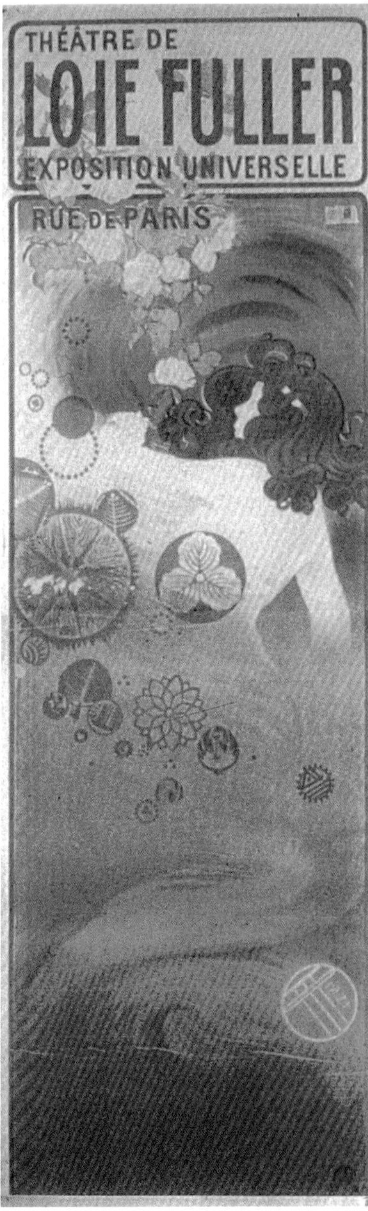

ロイ・フラー・パビリオン　ポスター

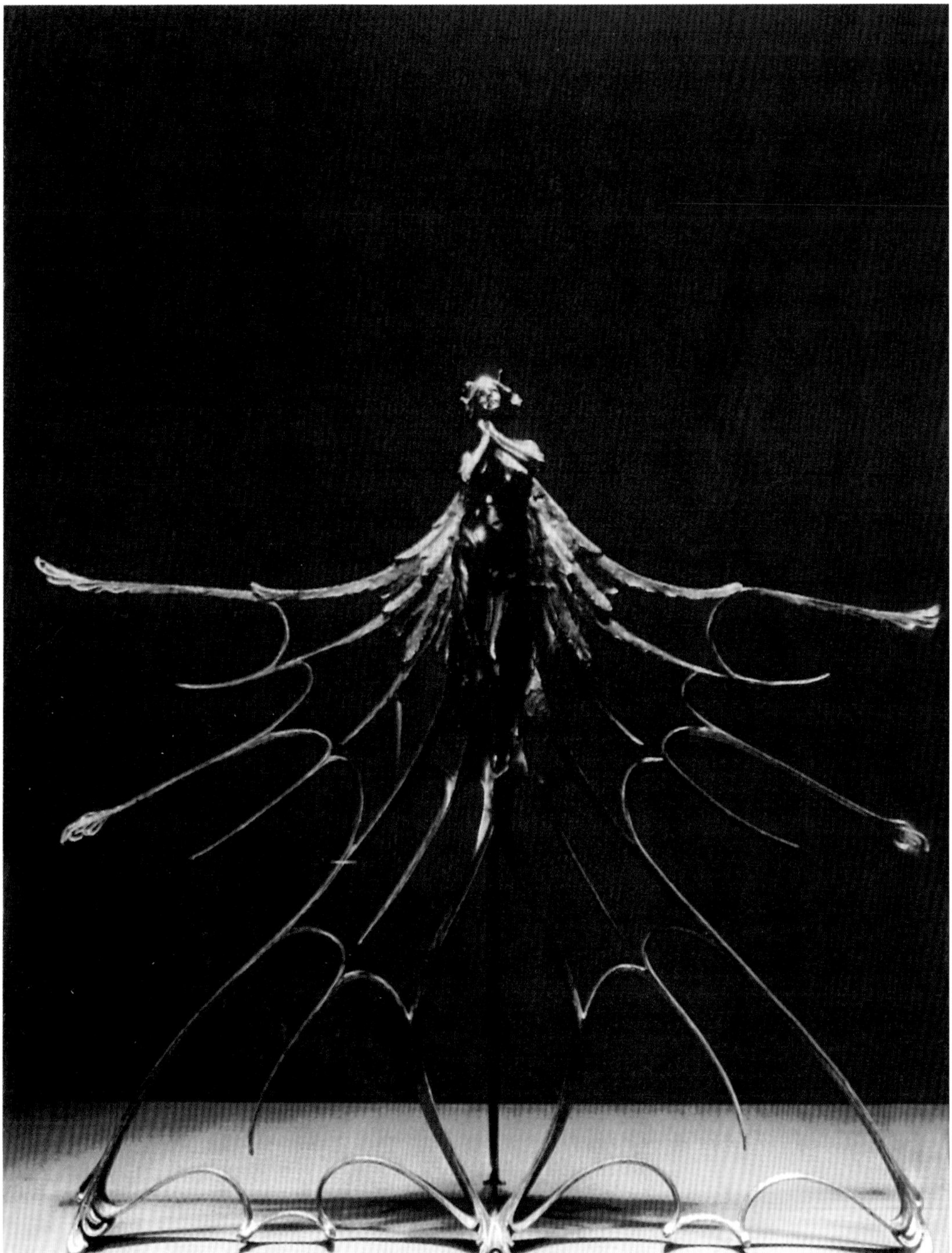

1900年パリ万国博覧会のショーケースの装飾柵《蝶の女》1899-1990年頃(箱根ラリック美術館)

ルネ・ラリック出品作　蝶の女

フランス館

アールヌーヴォー　ビング館　外観

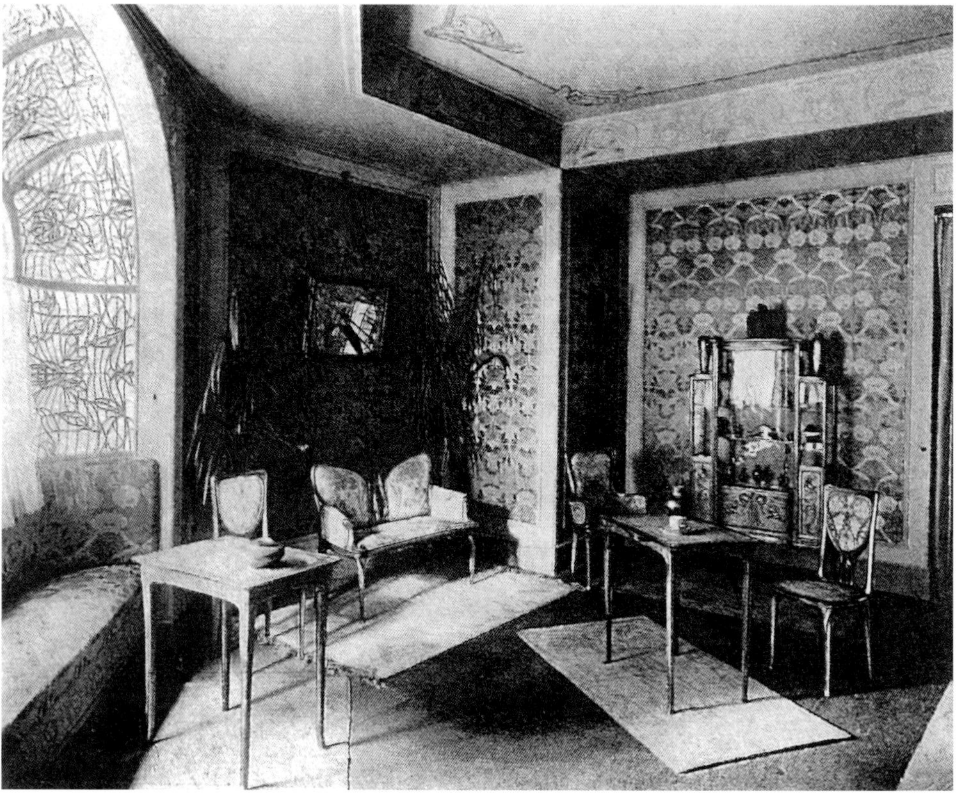

アールヌーヴォー　ビング館　インテリア　ジョルジュ・ド・フール

アールヌーヴォー　ビング館　ダイニングルーム　Eugène Gaillard

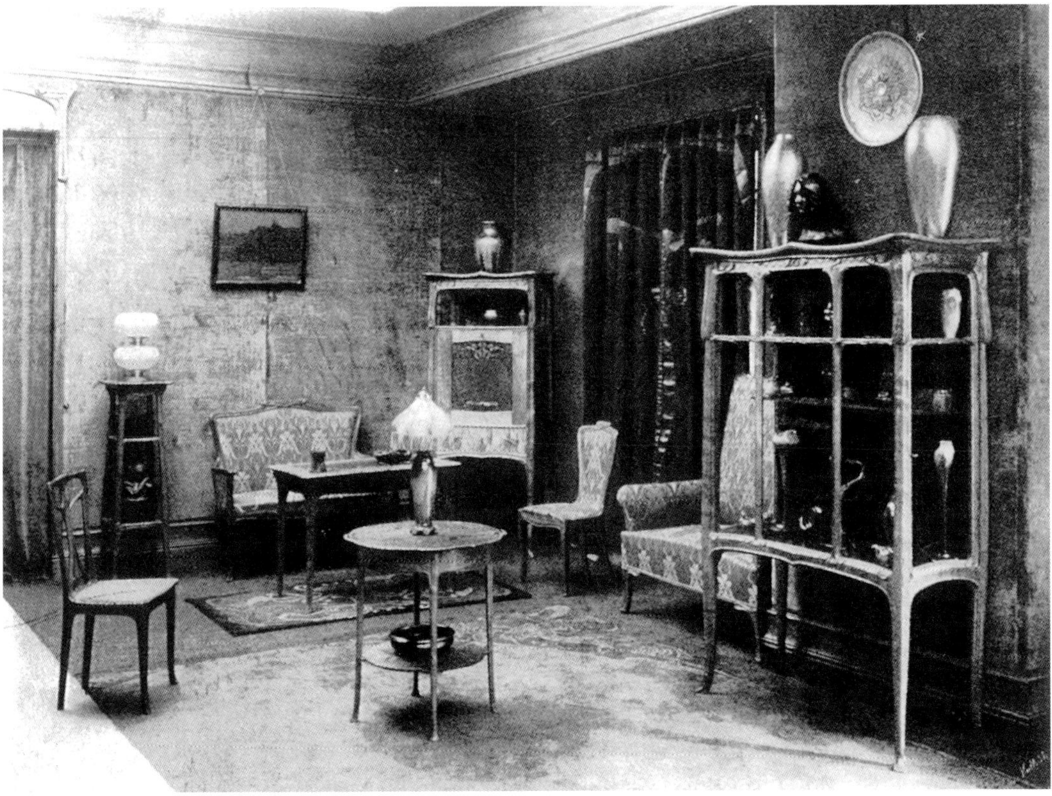

アールヌーヴォー　ビング館　待合室　エドワード・コロンナ

フランス館

メイン会場　グラン・パレ　大階段の鉄骨　ド・グラーヌ

メイン会場　グラン・パレ　内部

チェコ生まれのミュシャだが、パリでサラ・ベルナールのポスターで評判を呼び売れっ子作家になり、活躍の場はパリだった。このデッサンはフランス館に飾られた。

人類のパビリオン(デッサン)　アルフォンス・ミュシャ

人類館計画案　アルフォンス・ミュシャ

フランス館　婦人の居間　ルイ・マジョレル

オーストリア館

ハプスブルク帝国は1918年、第1次世界大戦の終結とともに消滅したが、当時はまだ最盛期が続いていた。フランスのブルボン家やロシアのロマノフ王朝とは縁戚関係もあり、争いながらも表面的な付き合いが続いていて、贈り物も絶えず交換していた。

オーストリアからは当時のエースであるウィーン工房のヨゼフ・ホフマンとヨゼフ・マリア・オルブリッヒが参加している。

ウィーン手工芸学校のインテリア　ヨゼフ・ホフマン

インペリアルスクール　装飾芸術　ヨゼフ・ホフマン&エドヴィン・パッチンジャー

豪華ヨットの船室　ヨゼフ・マリア・オルブリッヒ

インテリア　ヨゼフ・マリア・オルブリッヒ

インテリア　ヨゼフ・マリア・オルブリッヒ

ドイツ館

アウグスト・エンデル、ペーター・ベーレンス、リーマーシュミットらとミュンヘンサークル（美術と手工芸のための工房連盟）を作ったパンコックの珍しい実作が出品された。彼はセントルイス博の音楽室も設計している。

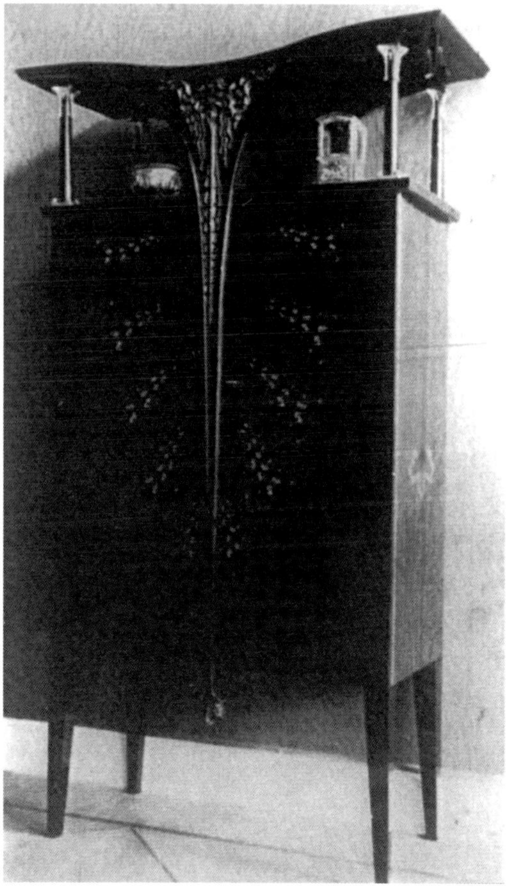

飾り棚　アウグスト・シュデハ

喫煙室　ベルンハルト・パンコック

ドイツ館　インテリア　Weltausstellung

ドイツ館

ミュンヘンのユーゲントシュティル様式の総師だったリーマー・シュミットだが、作品は意外と少ない。この万博の出品作は彼の作品の中でもっともアールヌーヴォー（ユーゲントシュティル）的だ。

ドイツ館　美術愛好家の部屋　リーマー・シュミット

ダイニングルーム　リーマー・シュミット＆ベルンハルト・パンコック

ドイツ館　居間　メーリング

フィンランド館

若きサーリネンがリンドグレン、ゲゼリウスと組んで出品した作品。そのスタイルは北欧の伝統をふみながらも、外観は実験的でかつとても美しい。内部も装飾に満ち満ちていて、三人の共同事務所の出世作となった。

ィンランド館　エリエール・サーリネン　リンドグレン　ゲゼリウス

フィンランド館　立面図
エリエール・サーリネン

フィンランド館　玄関
エリエール・サーリネン

フィンランド館　サーリネン　リンドグレン　ゲゼリウス

ハンガリー館

レヒネル・エデンの事務所に勤務していた、まだ30歳そこそこの2人が才能をフルに発揮した作品群。

バーリント・ゾルターンは建国千年祭でコルブ・フローリシュ&ギエルグル・カールマーンの下で建設監督を務めた。バーリントとヤーンボルが組んだのは1897年から1919年まで。バーリントは1914年から1919年までブダペスト市の住宅建設委員会の会長を務めた。

ハンガリー館(パン工場)
バーリント・ゾルターン&ヤーンボル・ラヨシュ

ハンガリー館(展示館)　バーリント&ヤーンボル

ハンガリー館(織物館)
バーリント・ゾルターン
ヤーンボル・ラヨシュ

ハンガリー館(レストラン)
バーリント&ヤーンボル

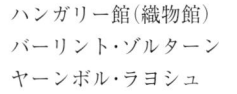

木材館
バーリント・ゾルターン&ヤーンボル・ラヨシュ

ハンガリー館　ジョルナイ工房の部屋

ロシア館

世紀末前後に頻繁に開かれた各種博覧会に積極的に参加したのがハンガリーとロシア。

この作品の設計者はあまり知られていないが、ロシアの出品作は例外なくロシア的モチーフが用いられていた。工芸館は木造ログハウスと思われる。

ロシア館　インテリア　ランバート

ロシア館(工芸館)　コンスタンチン・コロバン　アレキサンドル・コロバン

インドネシアのパビリオン(ジャワ芸術館)

スウェーデン館(手前)　モナコ館(左奥)

ルーマニア館　ビュッフェレストラン　イオン・ミンク

トルコ館

アラブ館(真ん中)後ろはエッフェル塔

1902

トリノ国際装飾芸術博覧会

この博覧会の作品群の出来栄えはライモンド・ダロンコの才能が最大限発揮されたものとなった。

同博覧会の設計コンペが発表された時、ダロンコはトルコのイスタンブールにいた。皇帝アブデュル・ハミドに招聘され、宮廷建築家として活躍していたのだった。（オスマントルコ博覧会の項（94頁）参照）

イスタンブールから応募したダロンコ案が第1席となり、既にイタリアに帰っていたリゴッティも応募しており、こちらが第2席に選ばれた。元々師弟関係にある2人は共同して設計に当たった。

「ロトンダ」と呼ばれる中央館をはじめ、すべてのパビリオンがアールヌーヴォーで設計されていた。

この展覧会にはイギリスからマッキントッシュが、ドイツからはペーター・ベーレンスが参加し、ベルギーからも出展があった。

博覧会ポスター　レオナルド・ビストルフィ

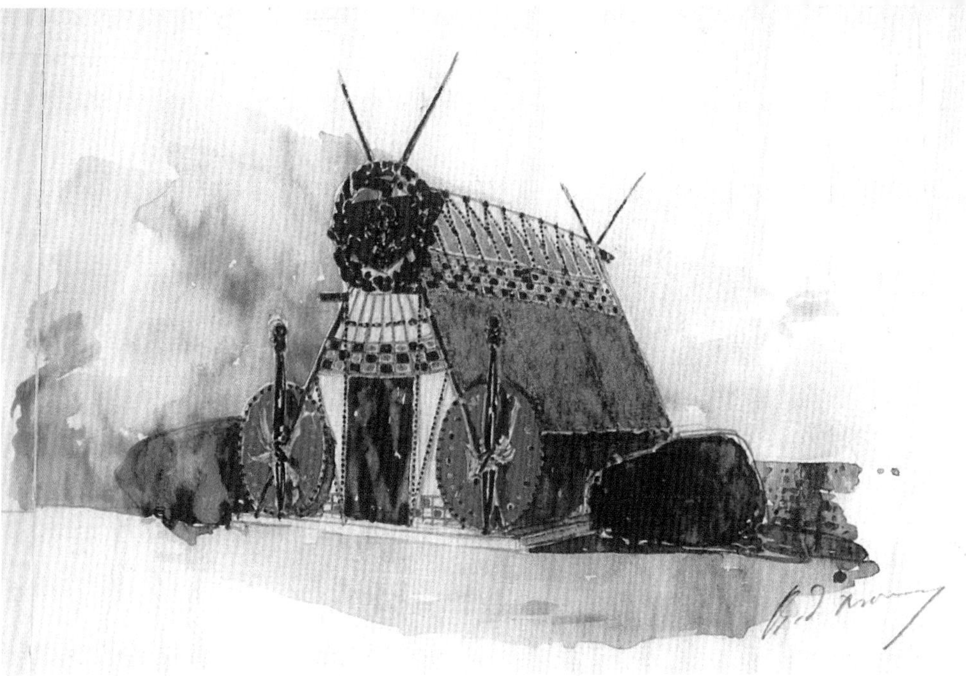

展示パビリオン計画案　ライモンド・ダロンコ

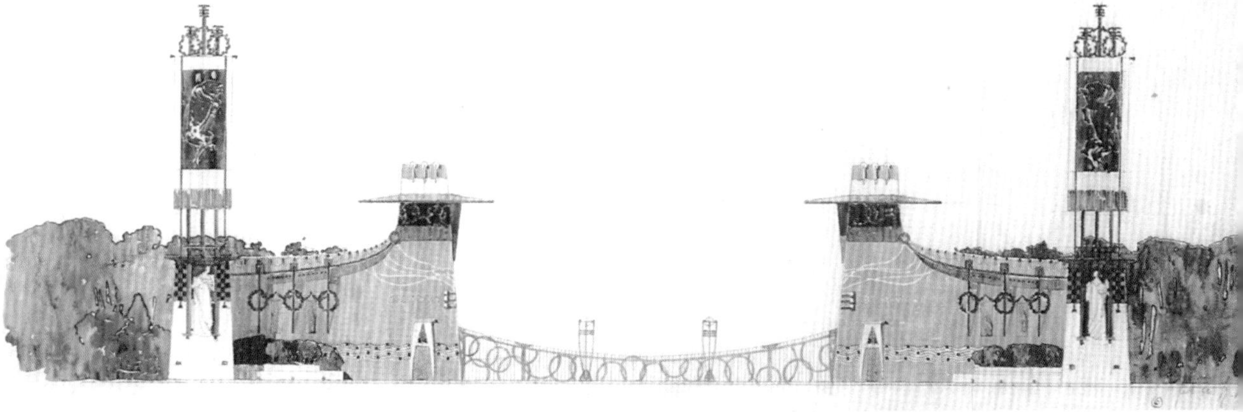

会場正門案　ライモンド・ダロンコ

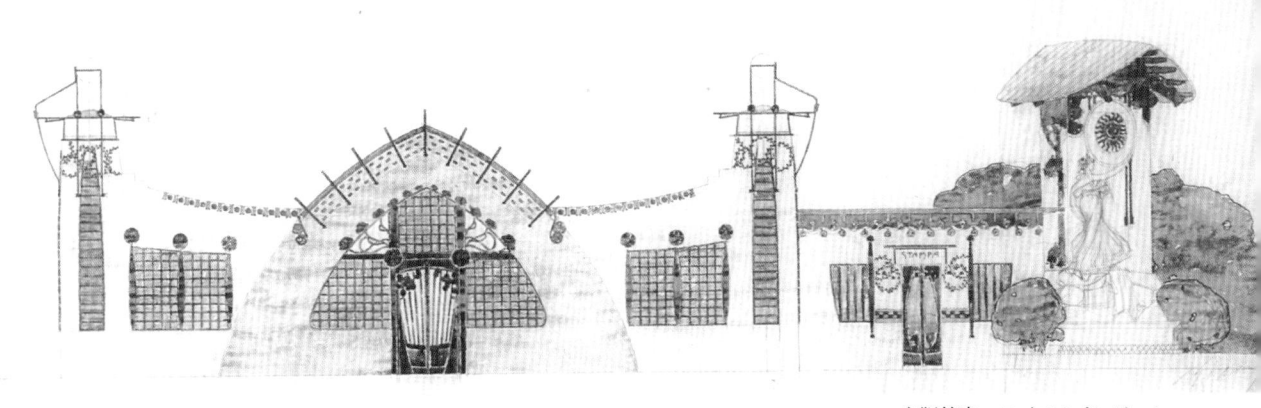

出版館案　ライモンド・ダロンコ

中央館　ライモンド・ダロンコ

43 Raimondo
D'Aronco, design for the interior decoration of the Rotunda of Honour at the Turin Fair, 1902.

中央館　インテリアデザイン　ライモンド・ダロンコ

中央館の左がベルギー館

中央館　インテリア　ライモンド・ダロンコ

オーディトリアム　ライモンド・ダロンコ

家具館への入口　ライモンド・ダロンコ

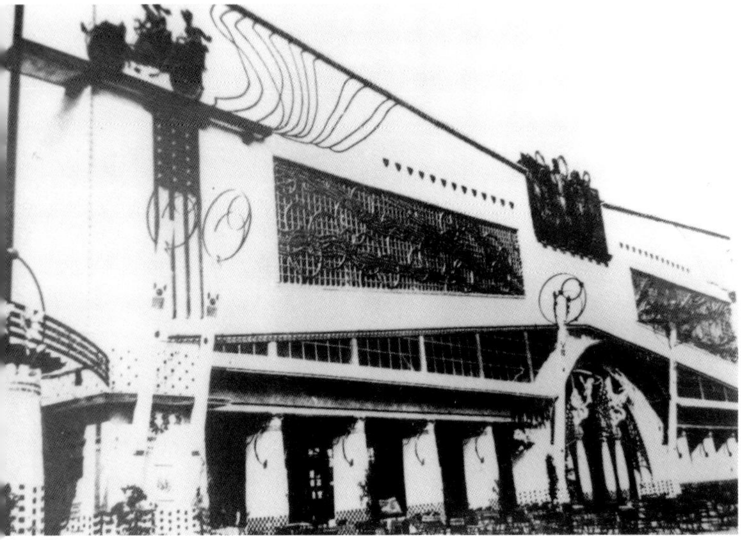

自動車館　ライモンド・ダロンコ

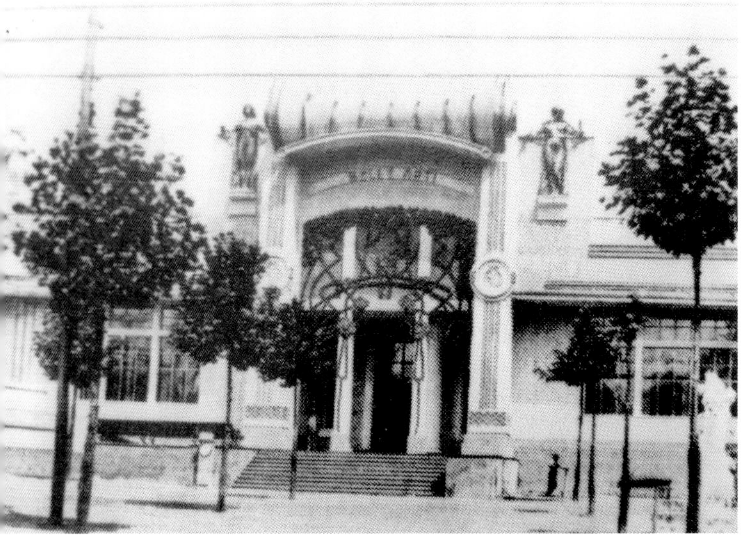

美術館　ライモンド・ダロンコ

ベルギー館　作者不明

ヴィクトール・オルタやペーター・ベーレンスなど大物も参加したアールヌーヴォー建築の大展示場となった。

ベルギー館　家具の展示　ヴィクトール・オルタ

ドイツ館　ハンブルクホール　ペーター・ベーレンス

映画のパビリオン　リゴッティ

イギリス館　上流婦人の居間　チャールズ・レニー・マッキントッシュ　マーガレット・マクドナルド

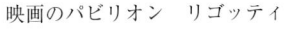

ミラノ万国博覧会（第16回）

ミラノ万博は1906年4月28日から11月11日まで行われ、25カ国が参加し約1千万人が入場した。

1900年パリ万博の約5千万人、1904年セントルイス万博の約2千万人には及ばなかったが、それでも大規模な万博であった。

多くの機械や自動車が登場し、人々の目を楽しませた。この頃のイタリアはリバティ様式〈アールヌーヴォー様式〉の最盛期だった。ポスターは見事なアールヌーヴォーだが、展示館の本館はミラノ駅を思わせるややバロック風である。

ここでもハンガリーはジョルナイ工房がアールヌーヴォー様式で参加している。

展示館本館

ミラノ万博　会場正門　1906　セバスティアーノ・ロカーティ

ミラノ万国博覧会のポスター

ハンガリー館(ジョルナイ工房)　アヒルの泉のある広場

ハンガリー館　応用美術の展示　作者不詳

ハンガリー館
芸術の守護神像のあるロビー
フィッシャー・ヨーゼフ
マローティ・ゲーザ

L'arrivo dei Sovrani e delle autorità alla Piazza d'Armi per inaugurare l'altra parte dell'Esposizione.
(Disegno di A. Beltrame)

ポスター

イタリア館(サンピエルダレーナ社館)　ジーノ・コッペデ

1903

ウディネ地方博覧会

1902年のトリノ国際装飾博覧会の会場設計で大成功を収めたライモンド・ダロンコはウディネの近くの町ジェモナの生まれであった。

ダロンコにとって、ウディネは故郷ともいえる町で、博覧会会場の設計は当然のごとく、ダロンコに委ねられた。その頃、彼は宮廷建築家として、イスタンブール滞在中で設計はそこで行われた。

ダロンコは完成図を驚くほどのスピードで描き、それはほとんどの場合水彩画だった。

デザインは彼流のスタイルに加え、オスマントルコに敬意を表して、トルコ風のキオスクを会場の一部に建てている。

L・バレイ・キオスク　ウディネ地方博覧会
ライモンド・ダロンコ　イタリア

芸術展示館　ウディネ地方博覧会　ライモンド・ダロンコ　イタリア

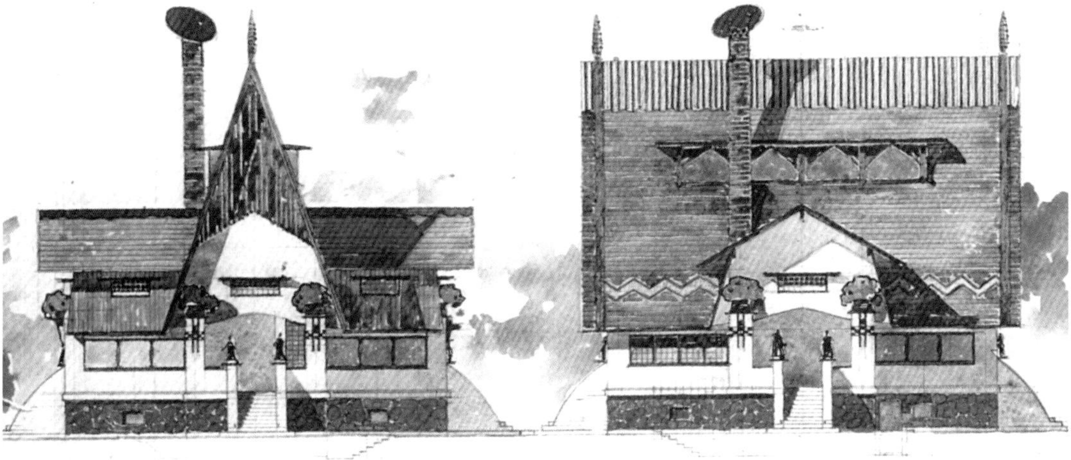

ウディネ地方博覧会　カフェ案　1903　ライモンド・ダロンコ　ウディネ　イタリア

ウディネ地方博覧会　コンサート用テント案　1903　ライモンド・ダロンコ　ウディネ　イタリア

ハンガリー建国千年祭記念博覧会（ブダペスト）

ハンガリー国は、中央アジアに住んでいたマジャール人が移動して、今のハンガリー大平原に建国したことで知られる。

これがドミノ的にゲルマン人の大移動につながっていったことは周知の事実である。

現在の市立公園の敷地で建国千年祭は盛大に行われた。この年は、くしくもハンガリー・アールヌーヴォーの父レヒネル・エデンがケチケメートにハンガリー初のアールヌーヴォー様式による市庁舎を完成した年に当たる。これ以後20世紀に入ってより、アールヌーヴォー建築の隆盛が続き、ハンガリーは世界一のアールヌーヴォー大国となった。

したがって、この博覧会にはアールヌーヴォー建築は出現していないが、開会式が行われたテントの塔や、森林パビリオン、冶金展示本館、石炭鉱業パビリオンなど、既にアールヌーヴォーの萌芽を随所に見ることができる。

ハンガリー建国千年祭　開会式　1896　ブダペスト

石炭鉱業パビリオン
コルブ・フローリシュ　ギエルグル・カールマーン

冶金展示本館
コルブ・フローリシュ　ギエルグル・カールマーン

ハンガリー建国千年祭祝典ポスター

パビリオン　クロアチアの森林

パビリオン　黄金の時代

会場鳥瞰図　ゲーザ・ミルコフスキ

ハンガリー建国千年祭　本館(歴史館)(現存)　1896

ハンガリー建国千年祭　民家園　1896　ブダペスト

ペーチ全国建築博覧会

前年度に行われたペーチ内国博覧会で大いに賑わったペーチで、連年の博覧会が開催された。

資料が少ないので断定はできないが、ミラノ万博やヴェニス内国博覧会のハンガリー館を設計した大物マローチ・ゲーザが大会堂を設計している。この建物もアールヌーヴォーだが、マローチはこの年、メキシコシティの国民劇場も設計している。

他2つの写真を見るとマジャール伝統の勾配屋根の建物なので、この展覧会は民族的建築から、最新流行のアールヌーヴォーまでを展示していたと思われる。

博覧会大会堂　マローチ・ゲーザ
フィッシャー・ヨーゼフ　ジャンスキー・ベーラ

全国建築博覧会民俗館　1908　Tátray Lajos　ペーチ　ハンガリー

全国建築博覧会民俗館　入口ビル　1908　ペーチ　ハンガリー

ペーチ内国博覧会

ハンガリーの南端、クロアチアに近いペーチはハンガリー第5の都市。14世紀に国内初の大学が創設された街。そしてジョルナイ工房の街でもある。ジョルナイ工房は、エオシン釉の発明により大発展をした。建築用タイル、装飾陶器、そして屋根瓦など、万国博の常連となった。

このエオシン琺瑯製品を多用して、大成功したのが、レヒネル・エデンである。ペーチで生まれ、ブダペスト工科大学に学んだピルチ・アンドールは、この全盛期のレヒネルの薫陶を受け、地元に帰って、多くの秀作を設計した。

1907年、ペーチ内国博の設計を一手に引き受けたアンドールは、ジョルナイの製品を使い、生涯最高の仕事をした。

実物が存在しないので、写真で見るしかないが、どの建物も見事なアールヌーヴォーで、比類なき美しさだ。

この頃の博覧会ではアールヌーヴォーはよく使われたが、これだけの完成度を持った建物は他にはない。あえてライバルをあげるとすれば1902年トリノ博のライモンド・ダロンコ1人。

国民パビリオン　ピルチ・アンドール

工業館　ピルチ・アンドール

国民パビリオン　ピルチ・アンドール

ジョルナイパビリオン　ピルチ・アンドール

機械館及び儀式館　ピルチ・アンドール

鉱山パビリオン
ピルチ・アンドール

パビリオン
カールマーン・ゲーザ・アラダール
ウルマン・ジュラ

Pécsi országos kiállitás 1907.
Id. Dr. Glass Izor hygieniai pavillonja.
HYGIENIA
HYGIENIA

衛生パビリオン
カールマーン・ゲーザ・アラダール
ウルマン・ジュラ

ウィーン分離派展

ウィーン分離派は、1897年4月3日に、画家グスタフ・クリムトを中心に結成された。そして、その展示場はわずか30歳のヨゼフ・マリア・オルブリッヒに託された。建築資金は哲学者ウィトゲンシュタインの父が援助したといわれている。

分離派館は1898年11月の第2回分離派展に合わせて開館した。

ウィーンのアールヌーヴォー建築はオットー・ワーグナーを中心に発展拡大していたが、彼らに大きな影響を与えたのはグラスゴーのチャールズ・レニー・マッキントッシュだった。マッキントッシュの展示会は度々行われ、オルブリッヒがウィーンを去り、ドイツのダルムシュタットに移ってからも2人の親交は続いた。

分離派館(現存)　1898　ヨゼフ・マリア・オルブリッヒ

ベートーヴェンの像　1902　マックス・クリンガー

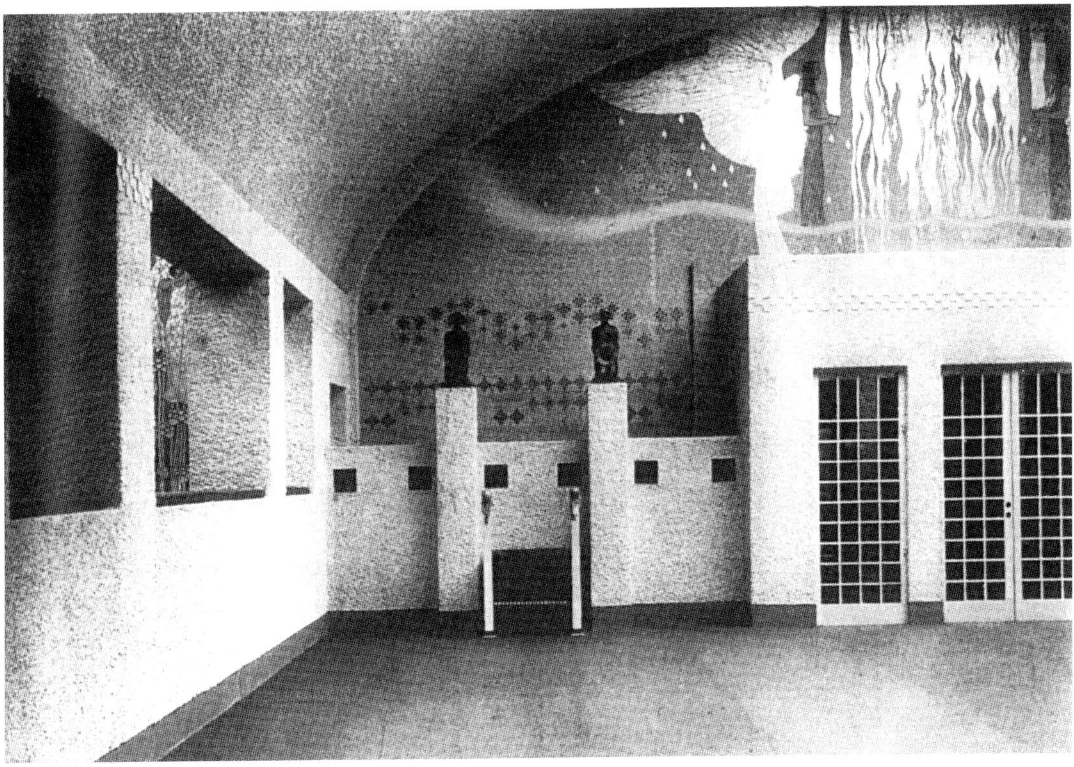

メインルームの壁画　1902　アドルフ・ベーム

1898(第1回)ポスター
「テセウスとミノタウロス」
グスタフ・クリムト

1900(第8回)　戸棚
チャールズ・レニー・マッキントッシュ　ウィーン

分離派館(現存)　壁の絵はクリムト作

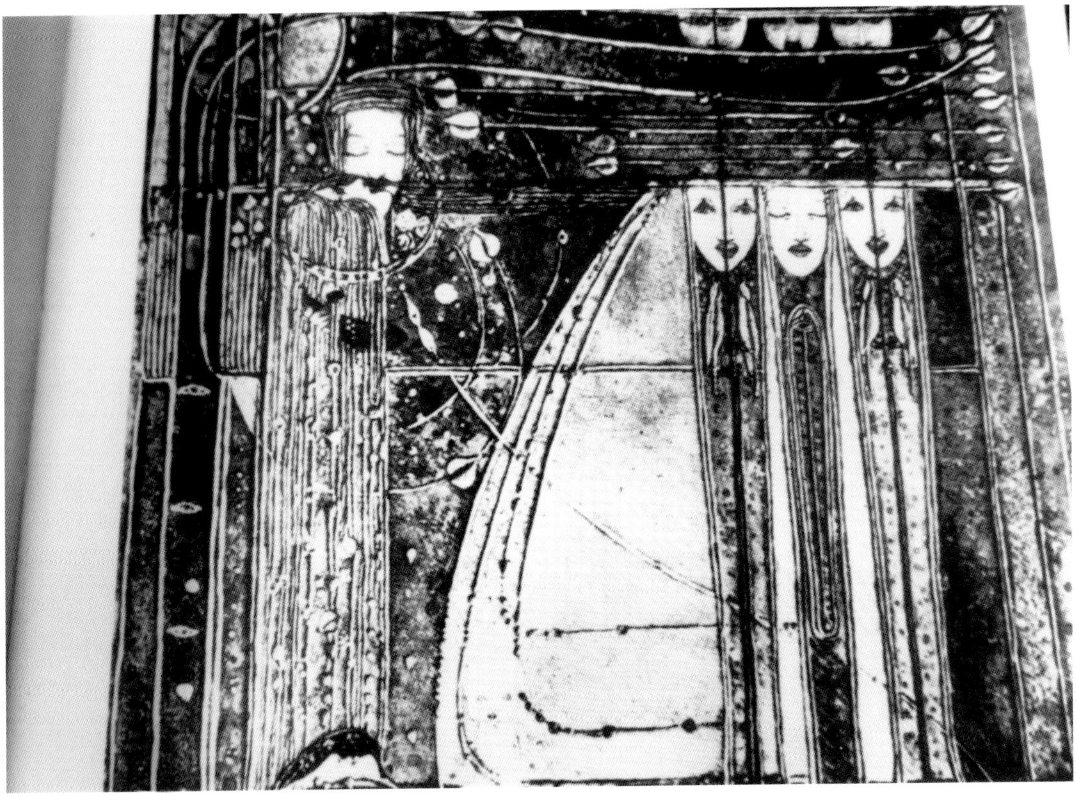

ヴェルンドルファー家の音楽サロン　1903　チャールズ・レニー・マッキントッシュ&マーガレット・マクドナルド

居間のインテリア　1900　チャールズ・レニー・マッキントッシュ

1897 ブリュッセル万国博覧会（第12回）（ブリュッセル近郊テルビューレン植民地博）

19世紀はヨーロッパ列強による植民地獲得競争の時代だった。ベルギーは遅ればせにアフリカのコンゴを獲得し、好況に沸いていた。
したがって、この万博の主題は未開の植民地の風俗の展示が主となった。
メイン館の設計はポール・アンカールに託され、ベルギーで誕生したばかりのアールヌーヴォー様式で期待に応えた。

ブリュッセル万国博覧会ポスター

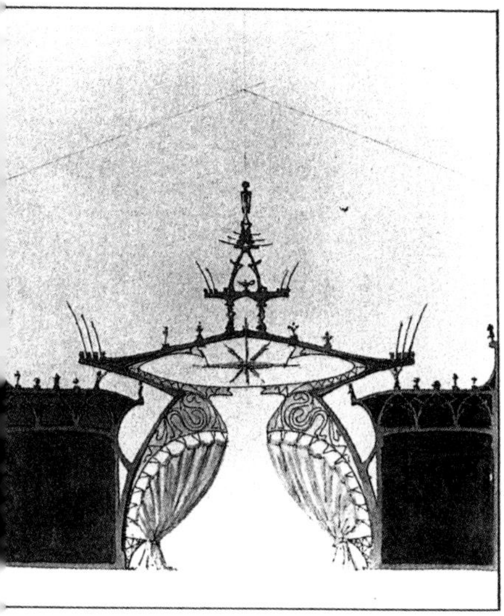

コンゴセクションの間仕切り計画案
ポール・アンカール

コンゴにおける地方の村の生活風景

民俗学展示室　ポール・アンカール

サロンd' Honneur　ポール・アンカール

1905 リエージュ万国博覧会（第15回）

１８９７年のブリュッセルに次いで、ベルギーの発展ぶりを示すための万国博が工業都市リエージュで開催された。

資料があまり残っていないが、ポスターはアールヌーヴォーであり、パビリオンにも同じ様式が使われたと想像できる。

開催2年前にできたポール・ジャスパーのフェスティバルホールは舞踏ホール、ホワイエ、劇場、レストラン、ビュッフェなどが収められている。大規模な平屋の建物で、当時珍しい鉄筋コンクリート造りで、屋根は厚さ８cmのドームがかけられた。ドームは内部から見ると連続していて、そこに華麗な装飾が施されていた。この建物は現存する。

リエージュは人口20万人。ベルギー第5の都市で、重工業中心の街である。この街には鉄道駅が５つもある。旧市街は駅からかなり離れていて、ブリュッセル風の端正なアールヌーヴォー建築がたくさんあり、なんと１６９３年にできたアールヌーヴォー風建築も存在する。

リエージュ万国博覧会ポスター　1905　ベルギー

馬術競技出発点　1905　リエージュ万博
リエージュ　ベルギー

フェスティバル・ホール（現存）　1905
ポール・ジャスパー（万博でも使用された）

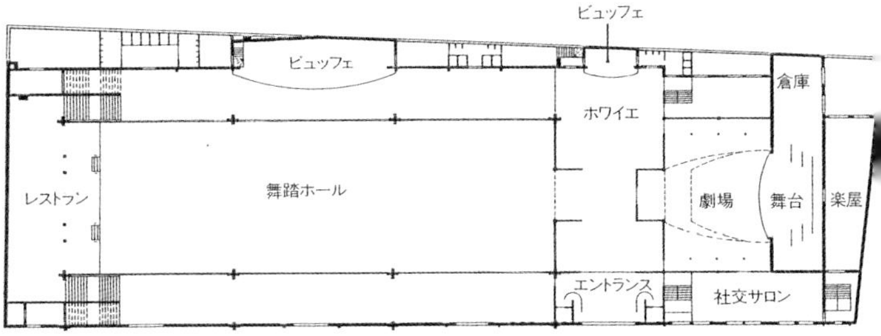

フェスティヴァル・ホール　一階平面　1／600

フェスティバルホール　1905
平面図と立面図　ポール・ジャスパー

ハンガリーセクション

ダルムシュタット芸術家展

ヘッセン大公エルンスト・ルートヴィヒはダルムシュタットのマチルダの丘に、23人の芸術家を招き住まわせた。その中には、大半の建築を設計したウィーンのヨゼフ・マリア・オルブリッヒ、自邸を設計し、画家から建築家に変身したドイツのペーター・ベーレンス、彫刻家でありながらヴォルプスヴェーデにレストランと自邸を建てたブレーメンのベルンハルト・ヘットガーなどがいた。1901年彼らの総力を結集した初の展覧会が開かれた。

造形の天才オルブリッヒの設計した建物群はそれ自体が総合芸術で、大公の目論んだ「わがヘッセンの国は花咲き開き、その中に芸術を」のテーマは見事に成功した。

ダルムシュタット芸術家展ポスター
パウル・ビュルク

会場のゲート　ヨゼフ・マリア・オルブリッヒ

ダルムシュタット芸術家展ポスター
ヨゼフ・マリア・オルブリッヒ

展示館入口のライオンズゲート
アルビン・ミュラー　ベルンハルト・ヘットガー

美術ギャラリー　ヨゼフ・マリア・オルブリッヒ

芸術家コロニー　花の家　ヨゼフ・マリア・オルブリッヒ

ケラー邸　ヨゼフ・マリア・オルブリッヒ

ペーター・ベーレンス自邸　ダイニングルーム　1902　ペーター・ベーレンス　この家は現存するが内部は見られない

クリスティアンセン邸　ヨゼフ・マリア・オルブリッヒ

1914

ドイツ工作連盟展（ケルン）

ドイツ工作連盟は官僚で建築家でもあったヘルマン・ムテジウスが中心になり、工芸家、建築家、企業家が集まって、1907年ミュンヘンで結成された。

連盟の建築家としては、ドイツのヘルマン・ムテジウス、ペーター・ベーレンス、ブルーノ・タウト、リヒャルト・リーマーシュミット、ヴァルター・グロピウスなどに加えベルギーからアンリ・ヴァン・デ・ヴェルデ、オーストリアからヨゼフ・ホフマン、ヨゼフ・マリア・オルブリッヒが参加していた。

1914年にケルンで開かれた第1回「工作連盟展」は、劇場、モデル工場、色彩展示場、ガラス館などが実際に建てられた大規模なものであった。

しかし、7月に始まった展覧会は第1次世界大戦勃発のため、わずか1カ月しか開かれなかった。

劇場　アンリ・ヴァン・デ・ヴェルデ

ガラス・パビリオン　ブルーノ・タウト

劇場内部　アンリ・ヴァン・デ・ヴェルデ

劇場内部　アンリ・ヴァン・デ・ヴェルデ

色彩展示パビリオン
ヘルマン・ムテジウス

モデル工場　ヴァルター・グロピウス　アドルフ・マイヤー

1914

レンベルク（現リボフ）軍事博覧会

当時、ハプスブルク領だったレンベルクで行われた軍事博覧会。（現在はウクライナ）

既に第1次世界大戦が始まっていて、負傷兵の救済にあたるハンガリー赤十字を支援するために開催された。したがって武器弾薬の展示ではなく、兵士たちの使用する下着などの展示や前線へ届ける方法など、銃後の体制を強化するのが目的であったようだ。

ブダペストの建築家メジャッサイ・イシュトヴァーンが設計していて、戦争展にもかかわらず文化的な香りがする。

大会堂　メジャッサイ・イシュトヴァーン

タタールパビリオン　メジャッサイ・イシュトヴァーン

ハンガリー館　メインパビリオン　メジャッサイ・イシュトヴァーン

190 ロダン展

パリ生まれの彫刻家オーギュスト・ロダンは弟子であり愛人ともいわれるカミーユ・クローデルに出会って作風が変わったといわれる。60歳を過ぎたロダンが劇的に変身した作品「ロミオとジュリエット」が展示されたのがこのロダン展。

1899年処女作ペテルカ館で評判になったコチェラに依頼されたこの展示施設は、当時関係を深めていた若手の前衛グループ「マーネス」との共作。展示場は分散して建てられたようで、中心施設であるロダン館がコチェラの設計。

数年後に建てられるコチェラの最高傑作プロスチェヨフの「民族の家」の萌芽が塔のあたりに見られる。

ロダン自身も会場を訪れた。もう一つの代表作「考える人」もこの年に作られた。

ロミオとジュリエット*

ロダンパビリオン　ヤン・コチェラ　前衛グループ「マーネス」主催

プラハ商工会議所記念博覧会

コチェラが37歳の時の作品。前年にプロスチェヨフの民族の家を完成させたばかり。民族の家は徹底したアールヌーヴォー様式だったが、このパビリオンでは12人の婦人像こそ残るものの、既にアールデコあるいはモダニズム的作風に変わっている。これ以後、コチェラの作風はシンプルな現代建築に変わっていった。

パビリオン内部　ヤン・コチェラ

パビリオン　ヤン・コチェラ

185

第1回万国博覧会（ロンドン）

記念すべき第1回万国博覧会がロンドンで開かれた。会場は鉄とガラスでできた斬新なもので、563m×124mという巨大な建物であった。設計はジョセフ・パクストン。

驚くのはその建築の工期。パクストンはプレハブ理論で、わずか3カ月で建てあげたという。

竣工直前、床の安全性を確認するために軍隊が動員された。この博覧会には600万人が訪れた。

クリスタル・パレス
噴水の間

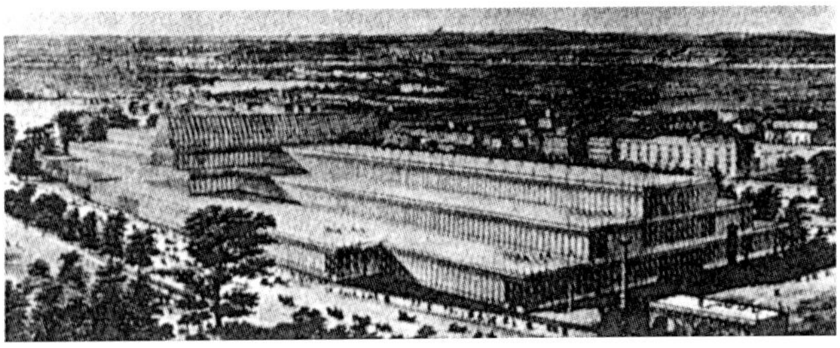

クリスタル・パレス　1851　ジョセフ・パクストン　ロンドン

クリスタル・パレス外観　ジョセフ・パクストン

クリスタル・パレス　ジョセフ・パクストン

1901

グラスゴー国際博覧会

ロンドン万博50周年を記念して、グラスゴーで国際博覧会が開かれた。

その頃のイギリスでは産業革命の結果、工業化が進み人口の都市集中が起こっていた。グラスゴーでは綿工業が盛んで、貿易が発達し、それを運ぶ船の造船業も発展していた。

博覧会の時、地元にいたチャールズ・レニー・マッキントッシュの名声が上がってきた頃で、何らかの形でマッキントッシュも参加したと思われるが残念ながら資料が残されていない。

いかにもロシア的なヒョードル・シェーフテリのアールヌーヴォー建築の写真が残されている。

各国における博覧会に積極的に参加していたのが、ハンガリーとロシア。

この博覧会にはなぜかロシアの資料のみが残っている。

ロシア鉱業パビリオン　1901
1902～04のヤロスラヴリ駅に通ずる
意匠が見られる作品

左・ロシア鉱業パビリオン　右・ロシア館　ヒョードル・シェーフテリ

プラハ産業博覧会（チェコ王国領邦記念博覧会）

プラハで行われた工業中心の博覧会。中心施設は鉄骨造の美しい建物で、少し改変されて現地に残っている。もう一つのハナフスキー・パビリオン（オットー・ヘイゼル）は山の上に移築されたが、木造ゲートは残念ながら取り壊された。

工業宮（当時の写真）　ベドジフ・ミュンツベルガー（改変されて現存）

プラハ産業博覧会　木造ゲート　1891　プラハ

トリノ万国博覧会（第18回）

この博覧会はポスターこそアールヌーヴォー様式で作られているが、西ヨーロッパ諸国ではもうアールヌーヴォーは峠を過ぎていた。

この時期、最もアールヌーヴォー建築で勢いがあったのがハンガリーである。ハンガリーでは、アールヌーヴォースタイルが終焉した（と思われていた）第1次世界大戦後もコーシュ・カーロイ等によって1926年頃まで続いた。

各種博覧会に積極的に出展していたハンガリーのコンペ当選者はテーリー・エミールだった。

ハンガリー館は横に長い壮大な建物で、かつ中央はひときわ高く、玄関の両側には鉄兜をかぶった監視人のモニュメントが来客を迎えていた。それは向かって右側に2人、左側に3人。写真から表情はうかがえないが、瞑想しているようで、その存在感は計り知れないほどだ。

ハンガリー館　玄関の監視人像　テーリー・エミール

ハンガリー館　水の中庭
テーリー・エミール＆ポガーニ・モーリツ

トリノ万博　ポスター　1911

トリノ万博
ハンガリー館（正面）
1911
テーリー・エミール
トリノ

マジャールパビリオン（ハンガリー）　テーリー・エミール

マジャールパビリオン計画案　レリッチ・ベーラ

ヴェニス内国博覧会

１９００年のパリ万国博覧会をはさんで、ヨーロッパでは毎年のように博覧会が開かれた。万国博はインターナショナルだが、それ以外は国内向けの内国博覧会や装飾デザインを目的とした博覧会が多く開かれた。

そして、それぞれの博覧会に積極的に参加したのがハンガリーであった。西欧より少し遅れてアールヌーヴォー建築が流行したハンガリーは全土にその流行が及び、かつ長続きして、そしてハンガリーは世界一のアールヌーヴォー建築の国となった。

この博覧会にもライタ・ベーラをはじめとして、アールカイ・アラダール、バーリント・ゾルターン&ヤーンボル・ラヨシュ、マローチ・ゲーザなど、そうそうたるメンバーが参加している。

ハンガリー館　鳥模様のモザイク
マローチ・ゲーザ　ロート・ミクシャ

ハンガリー館　洗礼の間　ライタ・ベーラ

ハンガリー館　メインホール　アールカイ・アラダール

ハンガリー館（全マジャール伝統館）　マローチ・ゲーザ

ハンガリー館　メインホール

ハンガリー館　メインホール　バーリント・ゾルターン＆ヤーンボル・ラヨシュ

1904 セントルイス万国博覧会（第14回）

20世紀初の万博はセントルイスで行われた。

この年はルイジアナ買収100年記念の年で、しかもスペインとの戦争に勝ってフィリピンを手に入れたばかりだった。

台頭するアメリカの力を誇示するがごとく、会場は514ヘクタールもあり、1576棟もの建物が立ち並んだ。そして各会場は鉄道で結ばれていた。

自動車や機械館、農業館、フィリピン村など、巨大なパビリオンが林立する中に、オーストリア、ハンガリー、ドイツなどはオルブリッヒ、ヴィーガント・エデ、パンコック、リーマーシュミットなど巨匠を送りこみ、アールヌーヴォーインテリアの一大展示場となった。

面白いのは、1896年にアテネで始まったオリンピックが第2回は1900年のパリで、1904年の第3回はセントルイスで、それぞれの万博に協賛するショーのような形で開催され、今とは比べものにならないほど、小規模なものであったことだ。

オリンピックと万博併用のポスター

交通館(駅のスタイルをとっている)全長400m

文明の創造をジオラマ化したクリエーション

オーストリア館(ある芸術愛好家の避暑用別荘)　ヨゼフ・マリア・オルブリッヒ

ハンガリー館「門扉」
パール・ホルティ

ハンガリー館　トロッカイ・ヴィーガント・エデ

ハンガリー館　ジョルナイ工房の展示

ドイツ館　音楽室　ベルンハルト・パンコック　セントルイス

ミュンヘン館(ドイツ)　リヒャルト・リーマーシュミット

パリ万国博覧会（第4回）

日本政府が初めて万国博覧会に参加したのは1867年、パリにおける第4回万国博である。

1867年といえば、時まさに慶応3年。明治維新の前の年である。日本の代表団は23名。団長は当時まだ14歳の徳川昭武。将軍徳川慶喜の弟である。若き渋沢栄一も経理係として参加していた。日本からは薩摩藩と佐賀藩も参加したが、薩摩藩が日本国と同格に扱われていて物議をかもした。

日本の出品は漆器、陶磁器、美術工芸品、和紙、絹織物、日本刀、甲冑などで、いずれも評判を呼んだが、最も人気のあったのは江戸柳橋の芸者3人が煙草をふかしたり、花札で遊んだりする姿だった。

さらに日本からの出品作はすべて買い取られた。19世紀末、ヨーロッパ各地で流行したジャポニズムはここから始まった。

6

江戸柳橋の芸者　おすみ　おかね　ちさと

江戸幕府の代表団　中央がまだ14歳の徳川昭武

パリ万博　チュニジアのパビリオン　1867

パリ万博　トーネット兄弟社　展示室　1867
世界で最も数多く売れたトーネットの椅子の展示

パリ万博　ルーマニアのパビリオン　1867

1889

パリ万国博覧会（第10回）

第10回万国博覧会はパリで、パリにとって4回目の博覧会であった。この時の最大の話題はギュスターヴ・エッフェルの建てたエッフェル塔だった。

展示物は産業革命の成熟によって機械の展示が多かったが、一方で世界各地の植民地の風俗を興味本位で見せる催し物も多かった。

特筆すべきはエミール・ガレの出品で、アールヌーヴォーのガラス器を300点以上出品しグランプリを受賞、評判を呼んだ。

ガレは、他にも陶器で金賞、家具で銀賞を獲得した。

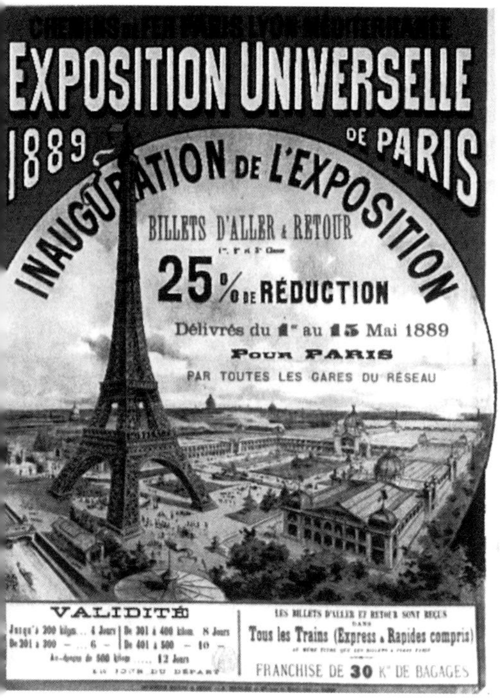

万博ポスター

エッフェル塔ごしに見た本館

機械館　パリ万博　1889　フェルディナン・デュテール

ガレのあずまや(古代植物)　パリ万博　貴賓館　1889

パリ万博　機械館　1889

カイロ通り

世界の49の国の住宅　シャルル・ガルニエ　左から4番目が日本家屋

スエズ館

植民地館

ロシア住居

メラネシア・カナック族の踊り

ジャワのダンス

ロレーヌ装飾美術展覧会（ナンシー）

フランス東部、ロレーヌ地方のナンシーはアールヌーヴォー芸術のナンシー派の拠点。

しかし建築は、この頃はまだ未成熟だった。エミール・ガレが、ガラス工場を新設して、事業を拡大した年に開かれた博覧会。したがって、展示の目玉はガレのガラス器で、大好評となり、1900年のパリ万博で不朽の名声を得る端緒となった。

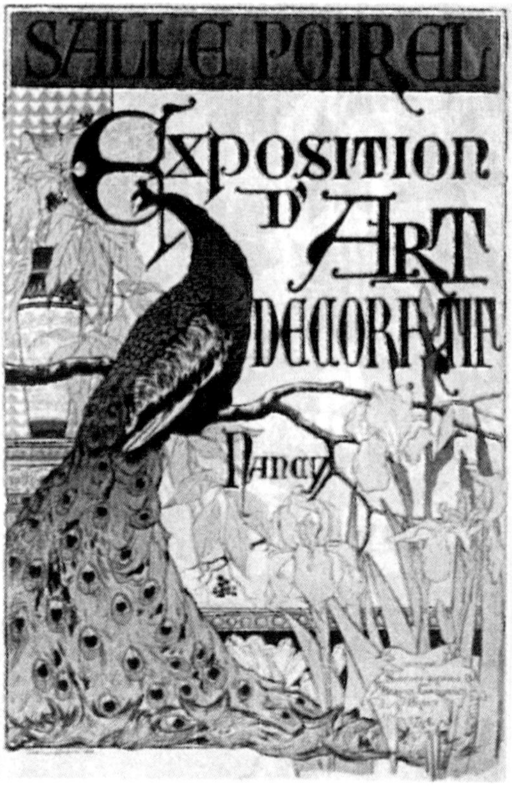

装飾美術展のポスター　ナンシー

ロレーヌ装飾美術展覧会　ポワレル大ホールの展示室　1894　エミール・ガレ　ナンシー

フランス東部博覧会（ナンシー）

1900年代になって、ナンシーはアールヌーヴォー芸術が華々しく花開いた。ガレやドーム兄弟のガラス器、ルイ・マジョレルやウジェーヌ・ヴァランの木工、さらにエミール・アンドレやリュシアン・ヴァイセンビュルガーなどが活躍していた。アンリ・ソヴァージュのマジョレル邸が1900年、エミール・アンドレのクロード・ロラン通りの家が1903年に完成し、それ以後ナンシーの街はアールヌーヴォー建築であふれた。

ナンシー派展示館　ドームのスタンド　マジョレルの小卓　1909

フランス東部博覧会の展示館
1909　ナンシー

ナンシー派展示館　1909
ウジェーヌ・ヴァラン
ナンシー

1925 パリ装飾芸術近代産業国際博覧会

世界中に熱病のように流行したアールヌーヴォースタイルは１９１４年の第1次世界大戦の始まりと共にほぼ終結した。１９１８年の大戦終了後に世界は再び平和と好況を取り戻した。それと共に生まれてきたのが直線を基調とするアールデコスタイルだった。１９２５年はまさにそのアールデコの時代で、その真っ只中にこのパリ博は開催された。

当時の写真を見るとなんとなくアールヌーヴォー的な意匠が垣間見られて、これは移行期の作品だと思える。また、興味深いのはアールヌーヴォー建築の申し子だったヴィクトール・オルタが古典的モチーフを用いて、モダニズム的造形で参加していることだ。

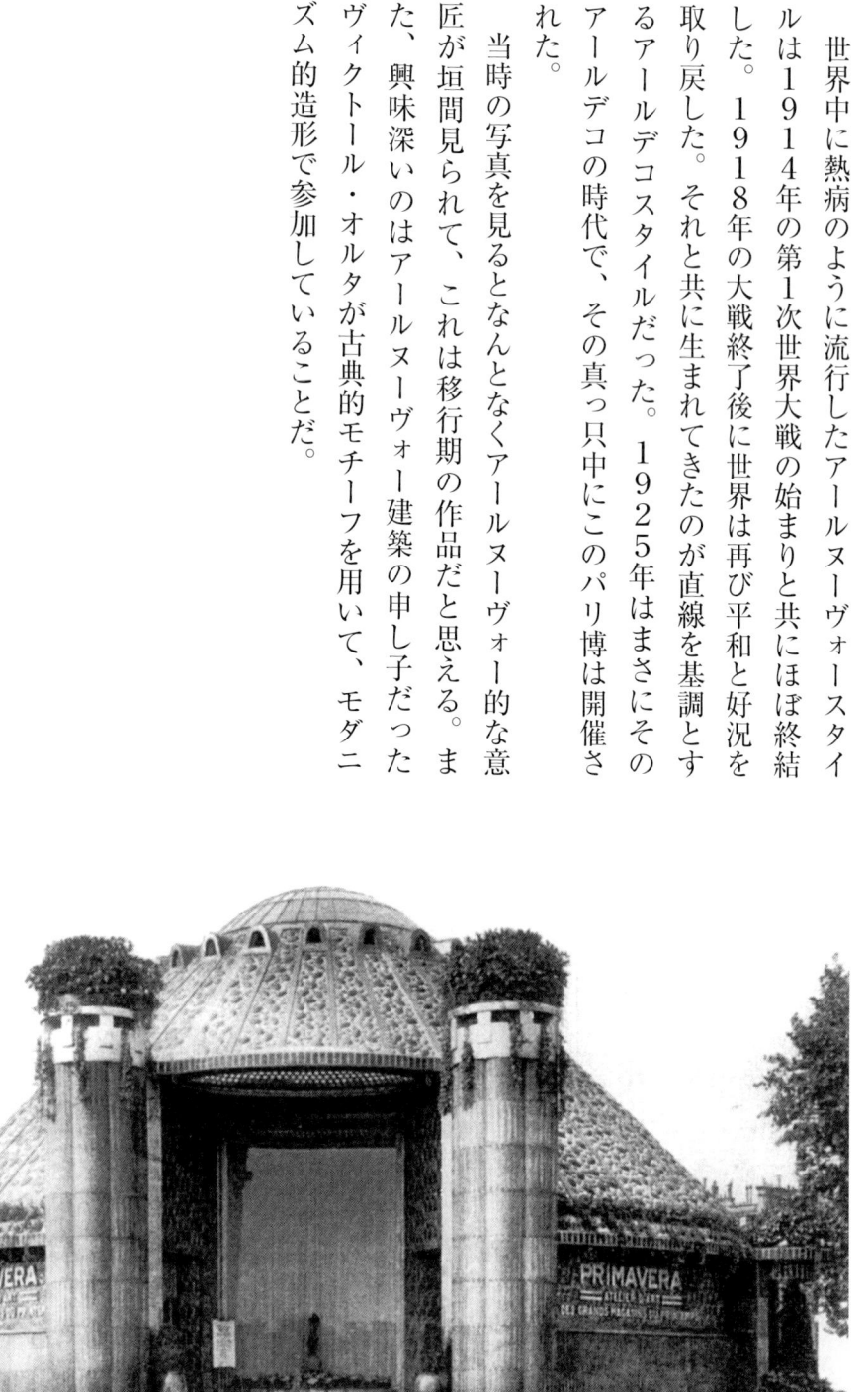

プランタン百貨店　プリマ・ヴェラ館　1925　アンリ・ソヴァージュ他

会場全景

ボン・マルシェ百貨店　1925　ルイ=イポリット・ボワロー

オランダ館　1925　J・F・スタール

ベルギーパビリオン　1925　ヴィクトール・オルタ

1894

第2回オスマン帝国博覧会

1890年イタリア北部のトリノで第1回トリノ建築博覧会が開かれた。

会場の設計に当たったのは当時、新しい様式の建築家として売り出し中のライモンド・ダロンコだった。この会場の評判を伝え聞いたトルコ皇帝アブデュル・ハミドが、予定されているイスタンブールにおけるオスマン帝国博覧会の設計者として、ダロンコを招いた。

ダロンコは招聘に応じて、弟子のアンニーバレ・リゴッティと共にイスタンブールに赴いた。宮廷建築家となったダロンコは16年間イスタンブールにとどまり数多くの建物を設計した。それは1908年青年トルコ党の革命まで続いた。

肝心の博覧会は1894年に開かれたようだが、2枚の計画案のみが残されており、それ以上のことはわかっていない。

第2回オスマントルコ展覧会　仮設パビリオン案
ライモンド・ダロンコ　1894　トルコ　イスタンブール

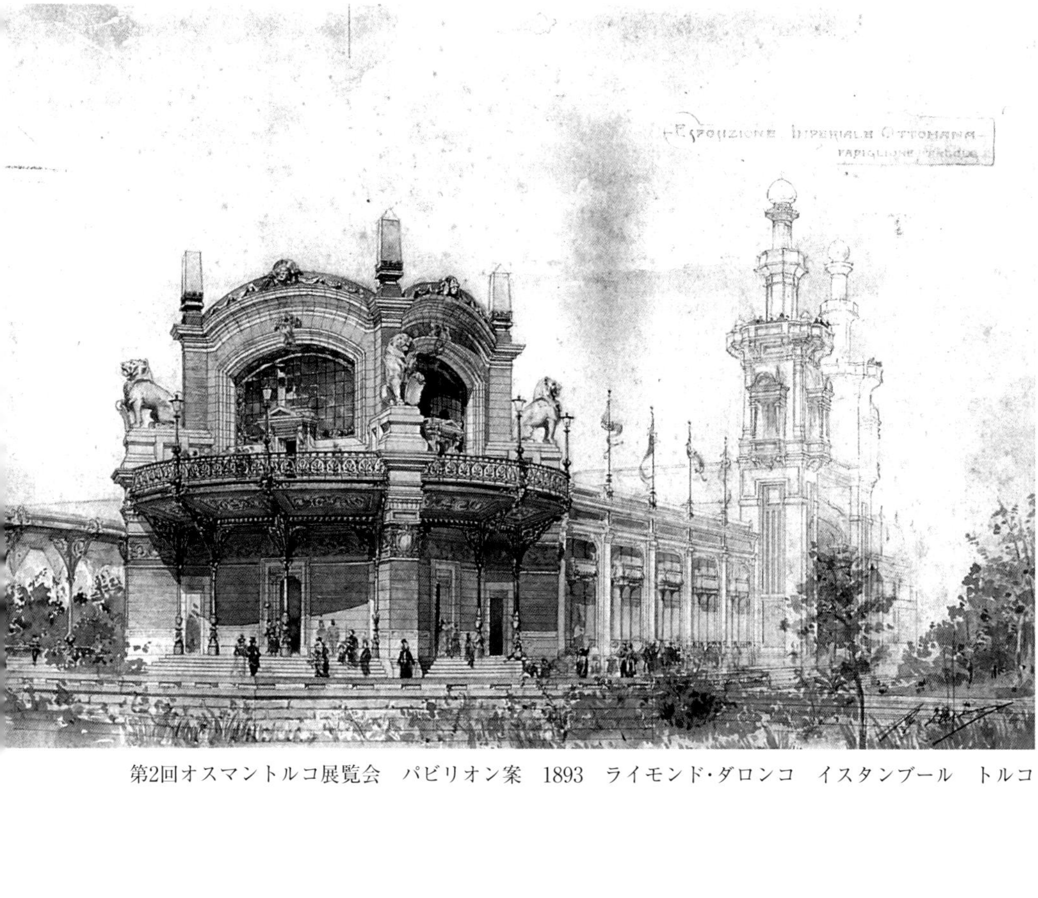

第2回オスマントルコ展覧会　パビリオン案　1893　ライモンド・ダロンコ　イスタンブール　トルコ

188 コペンハーゲン博覧会

たった1枚の写真だけを残して詳細不明。それにしても手の込んだ建物で木造と思われる。設計者はコペンハーゲン市庁舎を設計したマルティン・ニーロップ。

コペンハーゲン博覧会の展示館　1888　マルティン・ニーロップ　デンマーク

189 (旧イエロ邸)

エッフェル塔を建てたギュスターヴ・エッフェルの設計した鉄骨造の住宅が、アマゾン川上流のイキトス（ペルー）にある。1897年にヨーロッパから移築したもので万博に出展していたものという。

フランスから移築したという資料もあるが同年のブリュッセル博かと思われる。イキトスはゴムの栽培で大発展した街。

イエロ邸(イキトス)　現レストラン　1897
ギュスターヴ・エッフェル

良く似た例

ドイツ、ブレーメンのベットヒャー通りにあるベルンハルト・ヘットガーの異色の作品ハウス・アトランティス（下）。現在は改変されている。同じドイツ人のフリッツ・ラング監督の映画『メトロポリス』のセット（上）。両者は非常に良く似ている。映画は１９２６年の制作。ハウス・アトランティスは１９２９年の設計。ヘットガーがこの映画を見ていたとしたら影響を受けたと思われる。

映画メトロポリスのセット　1926　フリッツ・ラング監督作品　ドイツ

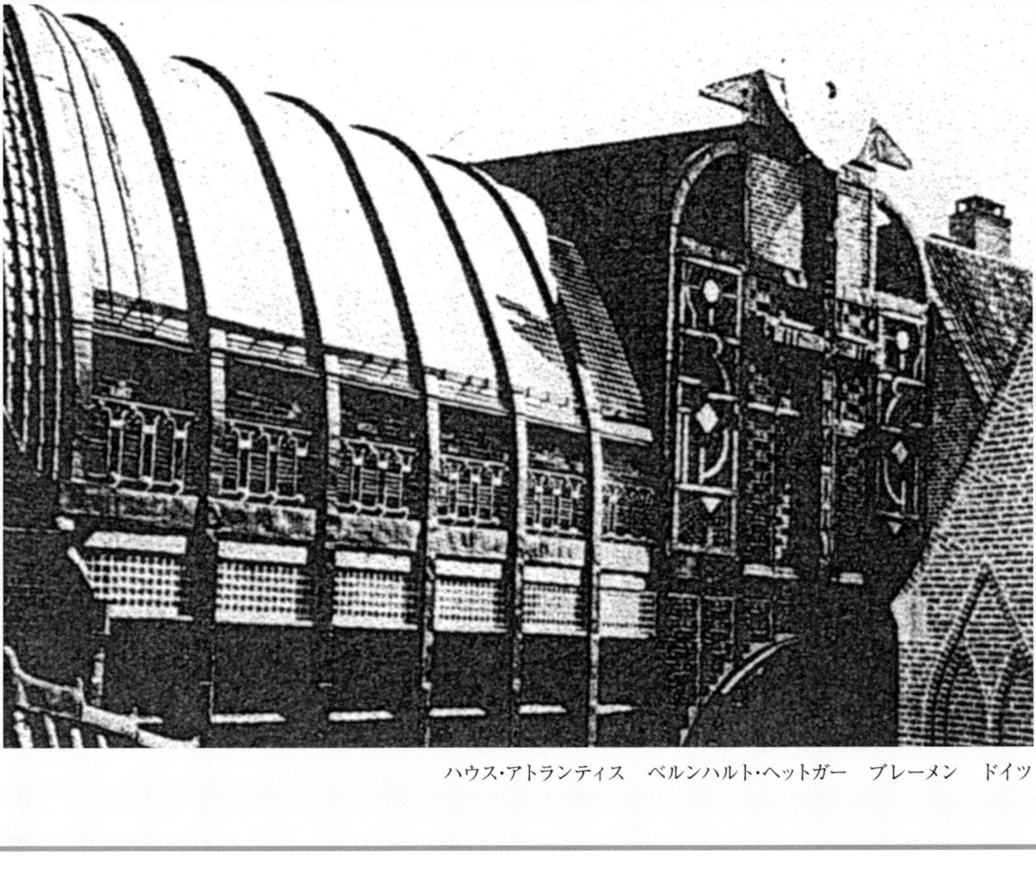

ハウス・アトランティス　ベルンハルト・ヘットガー　ブレーメン　ドイツ

失われた
アールヌーヴォー建築
各国編

イギリス

ミス・キャサリン・クランストンはグラスゴーに4つの魅力的なティールームを造った。

ブキャナンストリート、アーガイルストリート、イングラムストリート、ウィローティールームの4つである。

現存するのはウィローティールームのみであるが、今も営業しているので、その美しい姿をじかに見ることができる。

マッキントッシュはインテリアのデザインに秀でていたので、その作品が多く、建築作品は意外に少ない。

グラスゴーの町で他に見るべきものはグラスゴー美術学校とヒルハウスである。ヒルハウスはナショナルトラストが買い取り、リフォームのうえ公開されている。どの部屋も美しくデザインされていて、至福の時を過されること請け合い。

また20世紀初頭、写真技術が発達し、コダック社が世界中に支店を設けた懐かしい写真が残っている。

筆者はグラスゴー美術学校に勝手に入って写真を撮りまくったが、咎められることはなかった。また絶えず学生が出入りしている玄関を撮るため、えらく時間がかかったが、成功した時は周りの学生たちから拍手が起きた。

ブキャナンストリート　ティールーム　スモーキングルーム
チャールズ・レニー・マッキントッシュ

アーガイルストリート・ティールーム　1897
チャールズ・レニー・マッキントッシュ

キャサリン・クランストン

ブキャナンストリート　ティールーム　1897　チャールズ・レニー・マッキントッシュ　グラスゴー

イングラムストリート　ティールーム　ホワイトダイニングルーム　1901
チャールズ・レニー・マッキントッシュ

イングラムストリート　ティールーム　クロイスタールーム　1911
チャールズ・レニー・マッキントッシュ　グラスゴー

イングラムストリート　ティールーム　オークルーム
1906

イングラムストリート　ティールーム　チャイニーズ・ルーム　ドア部分
チャールズ・レニー・マッキントッシュ

マッキントッシュ自邸のサロン　1900　チャールズ・レニー・マッキントッシュ
グラスゴー（イギリス）

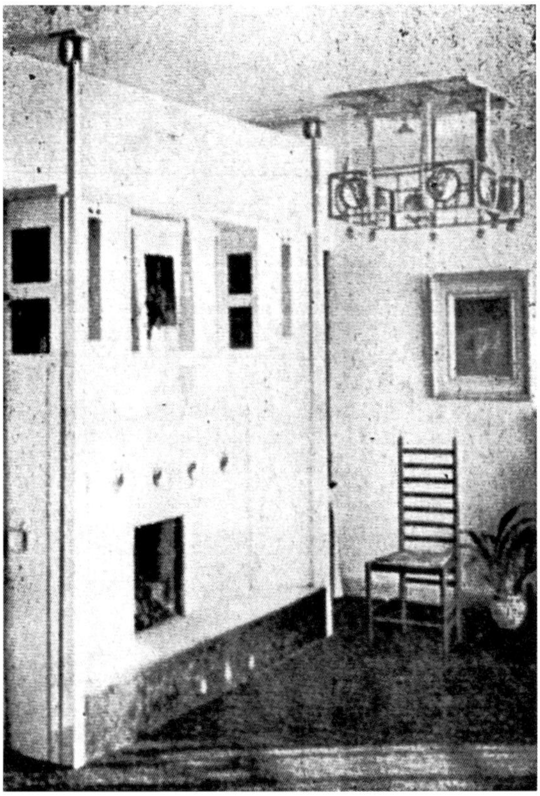

ウィンディ・ヒル　居間　1902
チャールズ・レニー・マッキントッシュ

マッキントッシュの処女作「レッドクリフ」 1890

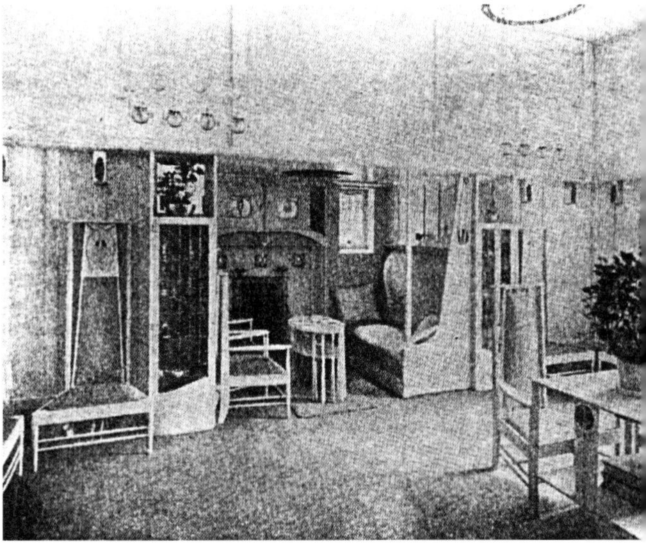

ヴェルンドルファー邸　ミュージック・サロン　チャールズ・レニー・マッキントッシ

トリノ現代装飾国際展　チャールズ・レニー・マッキントッシュ

ウィーン・ゼツェッション展　チャールズ・レニー・マッキントッシュ

コダック　ショールーム　ストランド支店　1901　ジョージ・ウォルトン　ロンドン

コダック　ショールーム　ブロンプトン支店　ジョージ・ウォルトン　ロンドン

コダック社支店　1902　ジョージ・ウォルトン　ロンドン

フランコ・ブリティッシュ博覧会　地方自治会館　インテリア　1908　アンリ・ソヴァージュ&チャールズ・サラジン　ロンドン

ベルギー

1940年5月、ナチスドイツは突如パリに向けて進撃を開始。その途中にあるベルギーが戦いの舞台となった。敵に倍する航空機を持つナチスは、ほとんど損害なく進軍し、逆に連合軍の死者は22万人に達したという。市街戦では歩兵は建物を盾にして戦うため、爆撃されて、ブリュッセルの街は灰燼に帰し、多くの歴史的建造物が破壊された。戦後他都市とも、市民は復興に力を注いだが、いろいろな理由により再建されなかった建物も多い。

リノヴァシオン百貨店　1903　ヴィクトール・オルタ　ブリュッセル
1967年の火災で焼失

オーベック邸　1899(1949年解体)　ヴィクトール・オルタ
ブリュッセル　ベルギー

オーベック邸　食堂

人民の家(絵ハガキ)　ヴィクトール・オルタ
ブリュッセル　ベルギー

百貨店「グラン・バザール・アンスバッハ」　1903　ヴィクトール・オルタ　ブリュッセ

民衆会館　ヴィクトール・オルタ

レオン・ビアートのためのインテリア　1897　アンリ・ヴァン・デ・ヴェルデ　ブリュッセル

MB邸サロン　アンリ・ヴァン・デ・ヴェルデ　ブリュッセル

オトレ邸　食堂　1894　アンリ・ヴァン・デ・ヴェルデ　ブリュッセル

フォンテーヌ広場の商業ビル　1905　ポール・アメス
ブリュッセル　ベルギー

テアトル・ド・ラ・プラス　1885　シャンボン　ブリュッセル

バルトロメ邸　1898　ポール・アンカール　ブリュッセル

ダイニングルーム　1899　セリュリエ・ボヴィ(ベルギー)

イギリス趣味の部屋　1897　ベルギー(不明)

フランス

20世紀初頭、パリでは百貨店が次々とオープンしブームとなった。オ・プランタン、ボン・マルシェ、ギャラリー・ラファイエット、サマリテーヌ、レユニ、フェリックス・ポタンなど。

そのすべてがアールヌーヴォーの衣を着て、美を競い合った。

そのうち、最も早かったのはボン・マルシェで1872年の開業。C・A・ボワローとギュスターヴ・エッフェルの設計だった。エッフェルは後のパリ万国博（1889年）で有名なエッフェル塔を設計する。

サマリテーヌもギャラリー・ラファイエットも息を飲むほどの美しさだが、特に惜しまれるのは、リュシアン・ヴァイセンビュルガーの設計したレユニ百貨店である。鉄骨を装飾的に使い蝶の羽根と呼ばれたが、第1次世界大戦の爆撃のため焼失した。現在営業しているのはオ・プランタンとギャラリー・ラファイエットで、往年の姿をとどめている。もう一つ生き残っているボン・マルシェは改変されて見る影もない。

一方、パリにおけるアールヌーヴォーの旗手ギマールの作品は数が多い分、失われたものも多い。戦争の犠牲となったものもあるし、あまりに突飛で難解な作品は、市民の理解を得られず、悲しい運命をたどった。今残っていれば素晴らしい観光資源となったに違いない。

過去も現在も大衆は愚かだ。

カステル・ベランジェの居室
エクトール・ギマール

ノザール邸　1905（1957解体）
エクトール・ギマール　パリ

カステル・アンリエット　1900(解体1969)　エクトール・ギマール　セーブル

アンベール・ド・ロマン・コンサートホール　1898(1906解体)
鉄骨の構造体を露出した堂々たるインテリア

アンベール・ド・ロマン・コンサートホール内部　1898
エクトール・ギマール

ロワ邸　1898　エクトール・ギマール　パリ

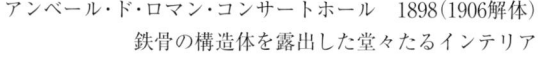

アンベール・ド・ロマンホール(コンサートホール)
1901(1906解体)　エクトール・ギマール　パリ
落成式の一カ月後に出資者のラヴィ神父が流刑になり、
1904年に競売にかけられ1906年に解体された

ラ・ブリュエット　1901　エクトール・ギマール　エルマンヴィル＝シュル＝メール

ヴィラ・ベルト　1897　エクトール・ギマール　ル・ヴェジネ

リュシアン・ヴァイセンビュルガー　1907　レユニ百貨店(蝶の羽根)　1907　パリ
1916年爆撃のため焼失　蝶の羽根と呼ばれた

サマリテーヌ百貨店　1907　フランツ・ジュルダン

サマリテーヌ百貨店(左翼の詳細)　1907　フランツ・ジュルダン　パ

フェリックス・ポタン百貨店　1904　ポール・オスケール　パリ

サマリテーヌ百貨店　1907　フランツ・ジュルダン

デパート　ボン・マルシェ　1872　C・A・ボワロー
パリ　ボワロー　エッフェル

デパート
ボン・マルシェ
玄関
ボワロー
1872　パリ

ボン・マルシェ百貨店　パリ

プランタン百貨店
ルネ・ビネ　1911
パリ

歌手　イヴェット・ギルベールの家　1900
フランソワ・グザヴィエ・シェルコップ　パリ

プランタン百貨店　階段　ルネ・ビネ

ダンスホール・タバラン　1928　コラン　パリ

ジョルジュ・フーケの宝飾店
復元　パリ
カルナヴァレ美術館

フーケ宝飾店　1901
内外装ともにミュシャ
パリ

フーケの宝飾店　1900
アルフォンス・ミュシャ
による内装

樅荘ビリヤード室
1901
シャルパンティエ
ブラックモン
シェレ
エヴィアン

喫煙室　1895　アンリ・ヴァン・デ・ヴェルデ　サロン・アールヌーヴォー・イン・パリ　パリ　フランス

銀行家ベナール邸食堂　アレクサンドル・シャルパンティエ　1901　オルセー美術館(復元)

ルネ・ラリック(孔雀)
「アール・エ・デコラシオン」誌

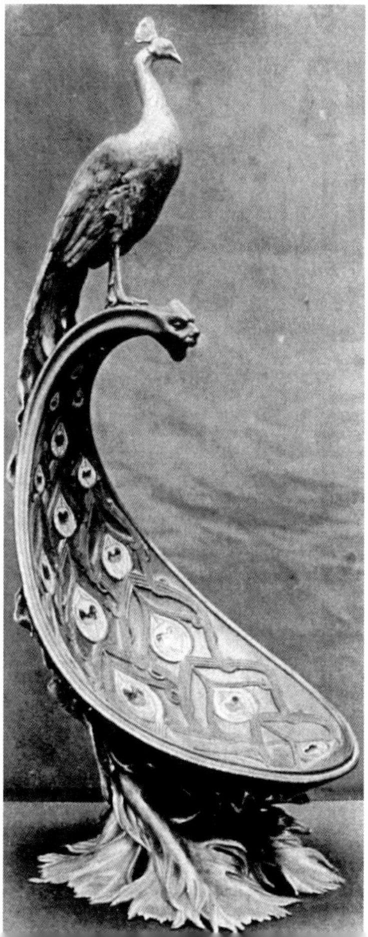

暖炉　1902　クロスウェイト(イギリス)
椅子はルイ・マジョレル(フランス)右下

ビングの店　アールヌーヴォー内部

ビング店の
アールヌーヴォー
ルイ・ボニエ　1902
パリ

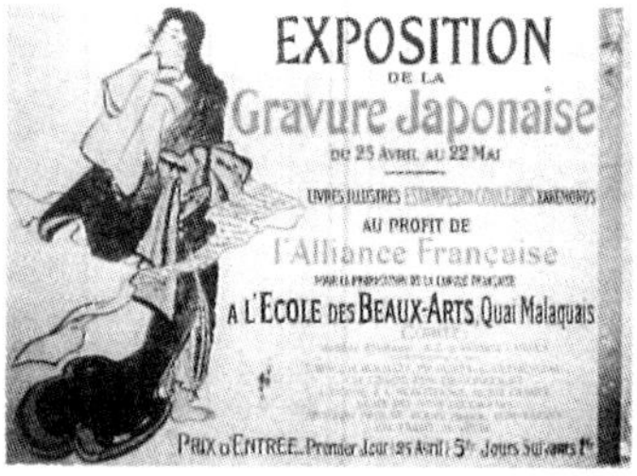

ビングがエコール・デ・ボザールで
開いた「浮世絵展」ポスター　パリ

アールヌーヴォー展の広告

ダイニングルーム　1912　ポール・フォロー　サロン・ドートンヌ　パリ

サン・マロの市営カジノ　1899　オーギュスト・ペレ　第2次世界大戦で破壊

カフェ・ド・パリ　1899　ルイ・マジョレル　ナンシー

ナンシー市民会館　1902　ポール・シャルボニエ　ナンシー

ダイニングルーム　1900
ウジェーヌ・ヴァラン
ナンシー　フランス
（コルバン美術館）

エミール・ガレ作のピアノと
アールヌーヴォーの室内
ナンシー派美術館

エミール・ガレ工房の展示場
1913

ドイツ（ベルリン）

アウグスト・エンデルはベルリン生まれ。ミュンヘン大学で美学と哲学を学ぶ。１８９７年の工房連盟の創設者の一人。絵が下手だったというが、エンデルの作品には独特の美と哲学が感じられた。これがナチスの癇に障ったのだろう。退廃芸術として目の敵にされてしまった。

連盟劇場　オーディトリアム　1901　アウグスト・エンデル　ベルリン

連盟劇場　オーディトリアム　1901　アウグスト・エンデル　ベルリン

宮殿美容師フランソワ・ハビーの店　1901　アンリ・ヴァン・デ・ヴェルデ　ベルリン

ハバナカンパニーの煙草店　1899　アンリ・ヴァン・デ・ヴェルデ

ティーツ百貨店　1898　ゼーリング　ベルリン

ヴェルトハイム百貨店　1896　メッセル　ベルリン

ドイツ・ライプツィヒの諸国民戦争記念碑

クリプタとは地下の納骨堂のこと。

この戦争記念碑の地下には、見事なまでにデザインされた彫刻群がある。

これに匹敵するものとして、1911年トリノ万博ハンガリー館の正面入口における彫刻群がある。

ライプツィヒの諸国民戦争記念碑　1905　ブルーノ・シュミッツ

ライプツィヒの諸国民戦争記念碑　フランツ・メッツナー　クリプタの彫刻群

クリプタの彫刻群

ドイツ（ミュンヘン）

1892年ウィーン分離派に先駆けて、ミュンヘンにミュンヘン分離派が結成され、会長フランツ・フォン・シュトゥックの下、ミュンヘンはゼツェッシオンの牙城となった。中でも歴史上分離派の代名詞となったのは、アウグスト・エンデル設計のエルヴィラ写真館であった。ナチス時代になって、宣伝相ゲッペルスによって、退廃芸術として、総統の名のもとに取り壊されてしまった。

エルヴィラ写真館　アウグスト・エンデル　1897　ミュンヘン

エルヴィラ写真館　アウグスト・エンデル　1897　ミュンヘン

ハイムハウゼン通りの小学校　1898　テオドール・フィッシャー　ミュンヘン

デュッセルドルフ博　ティールーム　1902
レオポルド・バウアー　デュッセルドルフ

ハイムハウゼン通りの小学校　玄関詳細　テオドール・フィッシャー

ミュンヘン劇場　1901　リヒャルト・リーマーシュミット　ミュンヘン

ミュンヘン・ゼツェッシオン展　インテリア
1899　ベルンハルト・パンコック

ドイツ

●アンリ・ヴァン・デ・ヴェルデ（1863～1957）

ベルギーのアンリ・ヴァン・デ・ヴェルデは最初画家として出発した。結婚して建てた新居ブレーメン・ヴェルフは総合芸術としてドアから家具、絨毯、カーテンから食器までトータルにデザインされていた。この自邸がパリの美術商サミュエル・ビングの目にとまり、仕事を得た。以後ドイツ各地を講演旅行したが、その反響は大きく、次々と仕事が舞い込んだ。特にインテリアにおいてその才能が発揮され、ブレーメン・ヴェルフでの理想が実現された。

ドレスデン芸術工業博覧会　休憩室　1897

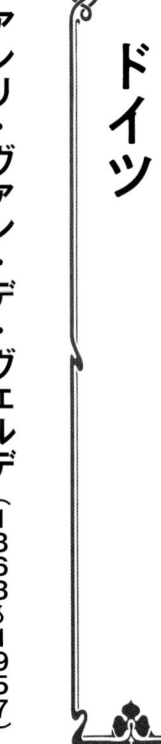

ミュージアムホール　アンリ・ヴァン・デ・ヴェルデ　1906　ドレスデン芸術工業博覧会

ギャラリー・アルノルトの展示室　1905　ドレスデン

ミュンヘン・ゼツェッション博　書斎　1899　アンリ・ヴァン・デ・ヴェルデ

イタリア（ナポリ）

第2次世界大戦は、初期にはドイツ、イタリア、日本など、枢軸国有利に展開した。しかし、アメリカが参戦してからは連合国が反攻を開始した。そして連合国が最初にヨーロッパ本土に上陸したのがナポリだった。「ナポリを見て死ね」とまでいわれる美しいナポリは両方の軍隊によって徹底的に破壊された。戦後多くの町が、戦前の形を取り戻す努力をした中で、ナポリの町は違う道を選んだ。今日ナポリの町を歩くと粗悪な集合住宅が多く、港の入り口にあるヌオーヴォ城のみが往年の姿をとどめている。

ホテル・サンタ・ルチアを設計したジョバンニ・バチスタ・コメンチーニはウディネで生まれ、パドヴァに学び、ローマを経て、1884年からナポリに住み仕事をした。サンタ・ルチアの他にホテル・ドゥ・ロンドル、ミッチョキオスク、サン・フェルディナンド広場などがある。

ホテル・サンタ・ルチア　1906　ジョバンニ・バチスタ・コメンチーニ　ナポリ

イタリア人建築家がアメリカに建てた家

ラウロ邸　Lauro palazzina　1902　アゴスチーノ・ラウロ　Agostino Lauro フロリダ州マイアミビーチ

パレルモ全国博覧会

パレルモ全国博覧会　1891

パレルモ全国博覧会　1891

スペイン（バルセロナ）

ジュゼップ・マリア・ジュジョール・イ・ジベルトはガウディの弟子。色彩に優れた才能を持ち、ガウディをして「ジュジョールよ。君の好きなようにやりたまえ」と言わしめた男。グエル公園やカサ・バトリョの破砕タイルの装飾を担当した。

独立してより、マシア・ネグラ、卵の家、カサ・ボファルイなどで才能を発揮していた。

１９１１年のカサ・マニャックは凄まじく奇抜で、市民の間で大スキャンダルとなり、ジュジョールは「もしカサ・マニャックのように自分の才能をフルに発揮した作品を造り続けたら、今後、仕事が来なくなってしまうかもしれない」と考えたという。

パドゥア通り75番地の住宅　1903
ジャロニ・ファラン　グラネイ　バルセロナ

ロヴィラルタ邸　ジョアン・ルビオー　イ・ベルヴェール

カサ・マニャック　ジュゼップ・マリア・ジュジョール

ウリェー邸　寝室　ガスパー・ウマー　バルセロナ

ルゼス邸　寝室　ガスパー・ウマー　バルセロナ

オーストリア

オスマントルコがウィーン攻略を諦めて撤退していった後に、残していったコーヒー豆からウィーンのコーヒー文化が生まれたという。このコーヒーについての逸話が多くある。

ウィーンのコーヒー同業組合が出したパンフレットには、コーヒー店のことを「自宅ではないが我が家」と書いてあった。

ある作家が講演のあと、聴衆の一人から、「後日お伺いしたいのですが、あなたはどのコーヒー店にいらっしゃいますか」と尋ねられたという。

「ひとりが好きだ。しかし、そのためには周りに人々がいなければならない」という格言もある。

有名なジョークを一つ。

5人の客の注文をボーイが聞く。各人各様に「モカ、コニャック入り」「ミルクコーヒー濃い目に、ミルクは冷たく、コップは温めて」など。ボーイはうやうやしく一礼して、調理場に向かい、たった一言「コーヒー5つ」。

ウィーンのカフェ　ラインホルト・ファルケン作「カフェ・グリーンシュタイドル」

ヴィラ・フリードマン　1898　ヨゼフ・マリア・オルブリッヒ　ヒンター・ブリュール

田園工芸博覧会　入口　1908
アドルフ・オットー・ホルブ

カフェ・ムゼウム　18
アドルフ・ロース(当時の写真)　ウィー

スピッツュル邸　1899
ヨゼフ・マリア・オルブリッヒ
ウィーン

ゲッスナー邸　1907　フランツ＆フーバート・ゲッスナー

ビリヤード・ルーム　1899　アドルフ・ロース　ウィーン

ベルガーヘーエの狩猟用別荘　1899　ヨゼフ・ホフマン　ホーエンブルク近郊

アポロろうそく店　1900　ヨゼフ・ホフマン　ウィーン

ベルゲルヘーエの家　寝室　1899
ヨゼフ・ホフマン　ウィーン

ウィーン装飾美術学校　1901　ヨゼフ・ホフマン

スイス

バーゼル中央駅　プラン　1903
ヨゼフ・マリア・オルブリッヒ　スイス

ルドルフ・シュタイナー（1861～1925）

ルドルフ・シュタイナーは哲学者、科学者であり、人智学を駆使した神秘的教育者であった。他方ゲーテの研究者でもあり、その教育研究の拠点であるゲーテアヌムを自らの設計により、バーゼル近郊のドルナッハに造った。その建物は木造で独特のフォルムをもっていた。

１９２２年に完成した第1ゲーテアヌムは2年後の元旦に焼失してしまう。

シュタイナーの協同者たちは再び立ち上がり、今度はコンクリートで第2ゲーテアヌムを造り、今に至っている。

マイエル・ダグエ荘　1906　ブロワレ&ヴェルフレア　フリブール

ワイセンバッハビル　1902　レオン・エルトリング　フリブール

第1ゲーテアヌム　ルドルフ・シュタイナー　バーゼル近郊　ドルナッハ

この頁の写真はすべて第1ゲーテアヌム

オランダ

ヨハン・ルドヴィクス、マテウス・ラウエリクスは少年時代をアムステルダム駅を設計した大建築家の自宅で過ごした。なぜならば父親がカイペルス事務所のチーフだったから。

そのため、早くから建築に親しみ、早熟だった。彼の理論は「モジュールに基づく迷宮理論」といわれ、ハーゲンに設計した7つの住宅は、その理論を実践した数少ない実例である。本書の「大戦記念碑案」は、やはり迷宮を図案化したもので興味深い。

しかし、この案は1915年に発表された。第1次世界大戦は1914年に始まり、1918年まで続く。

なぜこの時期に、このようなものが発表されたのか。謎は謎を呼び迷宮をさまよう。

ワッセナールスウェフ11番地の家　ミュムタース　ハーグ

カフェ・デ・クローン(アメリカンホテル)　1889
ファン・アンケル&ファン・デン・ボッス　アムステルダム

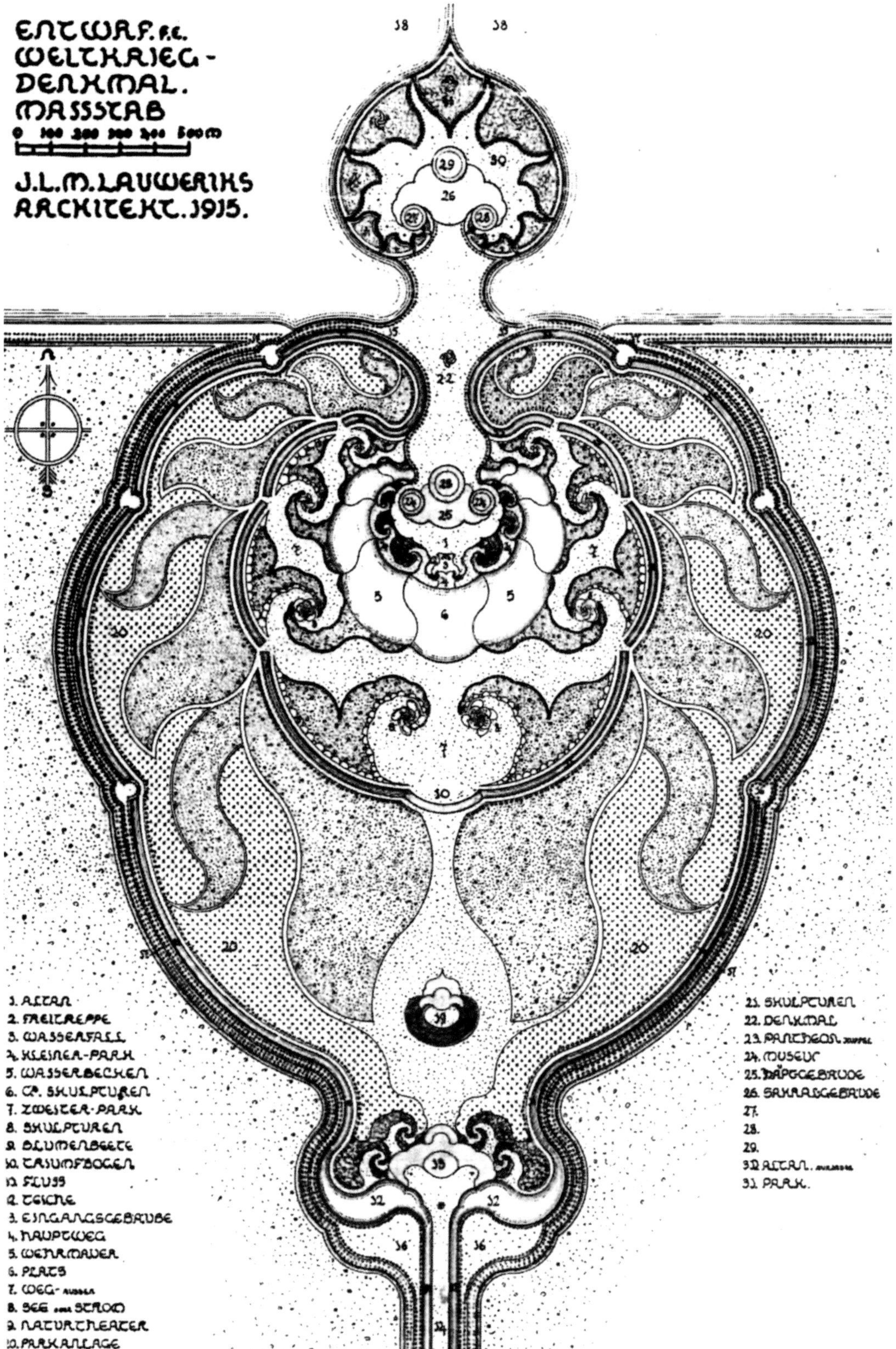

大戦記念碑案　1915　平面図　ヨハン・ルドヴィクス・マテウス・ラウエリクス

ラーン・ファン・メーデル
フォールト215
1898
デ・ウォルフ
ハーグ

デ・ネーデルランデン・ファン
1848
保険会社　1895
ヘンドリク・ペトルス・ベルラーヘ
ハーグ

デュイセルホフ・ルーム　1892　デュイセルホフ　ヘメーンテ・ミュゼウム

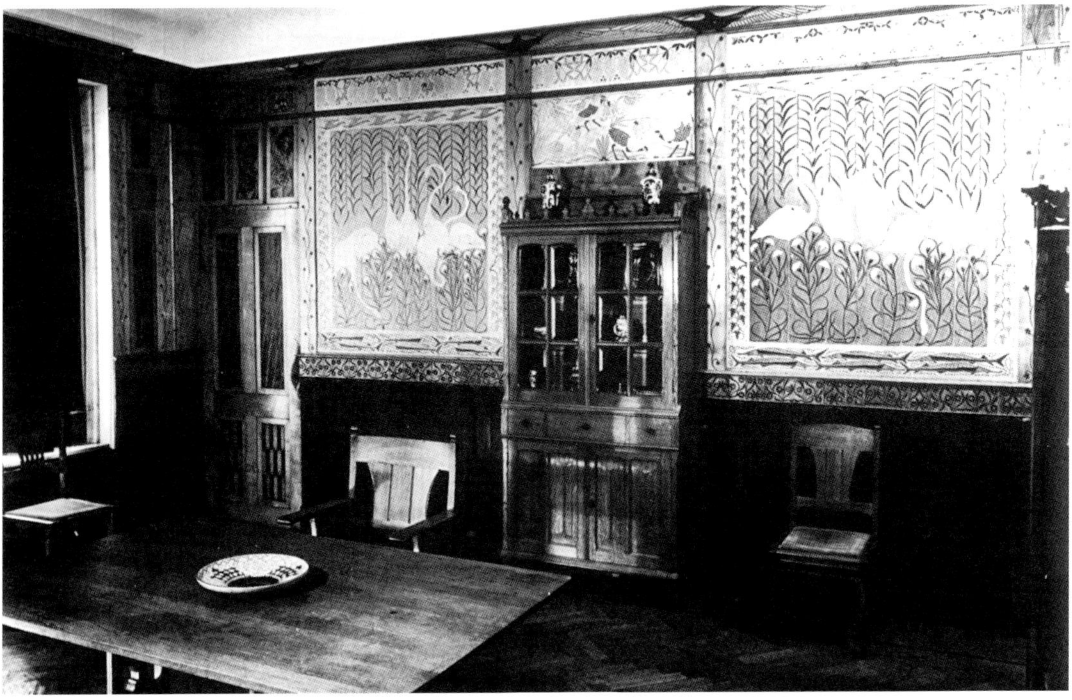

デュイセルホフ・ルーム　1892　デュイセルホフ　ヘメーンテ・ミュゼウム

ハンガリー（ブダペスト）

ハンガリーは世界一アールヌーヴォー建築の多い国である。なかんずく首都ブダペストは1000軒近くの棟数を誇り、現在残っているものも多いが、壊されたものも、これまた多くある。

次項の戦争による破壊を考えるとハンガリー国民の復興への情熱と行動力には想像を超えるものがある。

多くの建物が再建されたが、ここに載せたものは再建されなかった。古いモノクロ写真だが圧倒的迫力で訴えてくるものがある。

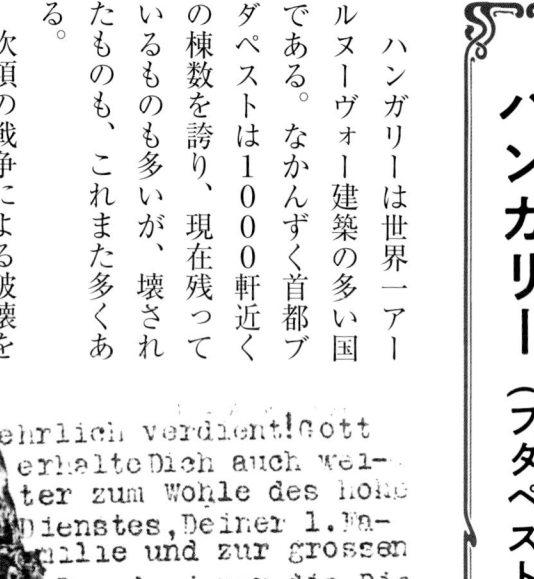

ゾンネンベルク　アパート　1905　クールシ・アルベルト　ブダペスト

ゾンネンベルク　アパート　1904
クールシ・アルベルト　ブダペスト

ゾンネンベルク　アパート　玄関上の装飾　クールシ・アルベルト　ブダペスト

ハボハイ邸　1906　アールカイ・アラダール
ブダペスト

エゲル邸　19
ビダー・エイミ

ハボハイ邸　ダイニングルーム　アールカイ・アラダール
ブダペスト

ハボハイ邸　アールカイ・アラダール　ブダペスト　左上の建物は右の部分

国民のサロン　1906　ヴァーゴー・ラースロー＆ヴァーゴー・ヨージェフ　ブダペスト

ゴルキー通りの家　1913　セバスチャン・アーサー　ブダペスト

レヒネル・アパート　1910　ワルガ・ラーズロー　ブダペスト

ハンガリア温泉　1910　アゴストン・エミール
レストラン劇場を持つ大きな温泉　ブダペスト

ハンガリア温泉　1910　Ágoston Emil

記念碑コンペ応募案　ライタ・ベーラ　1902　ブダペスト

イスラエル墓地　コンペ応募案　1903　ライタ・ベーラ

シナゴーグ　コンペ応募案　1899　ライタ・ベーラ　ブダペスト

ロージャブルジー楽譜店内装　1912　ガラ・アルノルト
建物はライタ・ベーラ　ブダペスト

ローテルアパート　1906　ヒューブナー・ジェノー　ブダペスト

シャンツェル邸　Schütz Rezső　ブダペスト

アダミック邸　設計者不明　ブダペスト

エルメス　ハンガリー店　1905　ブダペスト
カールマーン・ゲーザ・アラダール　ウルマン・ジュラ

市民劇場　作者不詳　ブダペスト

郵便貯金局出納室ホール　レヒネル・エデン　ブダペスト

キラリー劇場　1905　マールクシュ・ゲーザ
ブダペスト

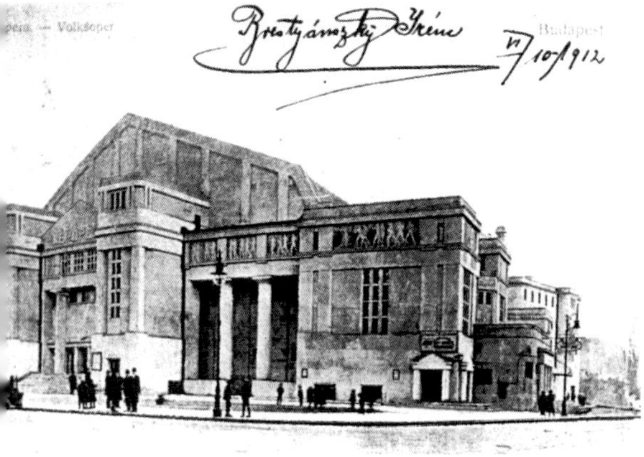

オペラ座　1911
マールクシュ・ゲーザ
コモル＆ヤコブ
ブダペスト

ケーバーニャシナゴーグ
キューポラ詳細

ペストマジャール商業銀行　1907　キットナー・ジーグモンド
同じ建築家が建てたグレシャムパロタの隣にあった

ケーバーニャのシナゴーグ　1910　シェーンタイル・リチャード　ブダペスト

クレイン邸　レヒネル・エデン　ライタ・ベーラ　Szirma

クレイン邸　内部

劇場　1910　コモル＆ヤコブ　Déva

芸術家のアトリエ　1908　メジャッサイ・イシュトヴァーン　ケデルレー

ダイニングルーム
トロッカイ・ヴィーガント・エデ＆モーチャイ
ゲデルレー芸術家村

国立高等学校　ソムレー・エミール　セゲド

レーグマン・ヴィラ　エゲル　あまりのアヴァンギャルドは寿命が短いのかもしれない

貯蓄銀行　ロマーン・エルノ　Siófok

裁判所　バーチ

聾唖寄宿学校　1903　バウムガルテン・シャーンドル　バーチ

戦争による都市破壊・ブダペスト

第2次世界大戦によって最もひどく破壊された首都はブダペスト、ワルシャワ、ベルリンだといわれる。いずれの都市も市街地の7割以上が損害を受けたという。

ハンガリーはドイツ、イタリア、日本の枢軸国側に立って参戦した。1939年9月1日の開戦以来4年あまりはブダペストが攻撃されることはなかった。

連合国とハンガリーには暗黙の了解があり、連合軍の航空機はハンガリー上空を安全に飛ぶかわりに、爆弾を落とすこともなかった。

しかし1944年3月1日、こともあろうにブダペストは味方であるはずのドイツ軍に爆撃を受け、占領された。その原因は、ハンガリーが連合軍に寝返りするのではないかとのヒットラーのあせりと、まだ数十万人のユダヤ人が残っていることによる。

ドイツに占領されたブダペストをアメリカとイギリスの爆撃機が攻撃し始めた。

しかしこの時点ではまだ被害は少なかった。

ブダペストを決定的に破壊したのは、旧ソ連軍つまりロシアの軍隊だった。

市街地にたてこもるドイツ軍をロシアの攻撃機は屋根スレスレに飛び、小型爆弾を落としていった。それによりドイツ軍の戦車や車両は壊滅し、同時に美しいブダペストの街並も跡形もなく破壊された。

戦いのあと、ハンガリーの人々は、元の街並の写真や図面を用いて復興に立ち上がった。

人々はバラバラになったレンガを拾い、長い時間と労力をかけて、元通りの街並を復元した。

10年たって復元にメドが立った頃、再びソ連軍が街を破壊した。1956年10月23日にブダペストで始まったハンガリー蜂起だった。ハンガリーがソビエトの勢力圏から抜け出し、それが東欧全体に波及することを恐れたソ連指導部の決定だった。

この体制は1989年11月9日、ベルリンの壁の崩壊から始まる東欧諸国の共産党支配からの脱却まで長く続いた。

ブダペストをはじめ、ワルシャワ、ベルリンなど、今の美しい街並は国民の努力と情熱の結晶である。美しい街並の中でも、特にアールヌーヴォー建築は美しく復元され、地元の人たちや観光客の目を楽しませている。

1軒だけ見つけた
砲弾あと（2018年）

ソ連軍によるブダペスト奪還　1945

ソ連軍によるブダペスト奪還

第２次世界大戦終戦時のブダペスト市街

チェコスロヴァキア

ハプスブルク時代、チェコはオーストリア領、スロヴァキアはハンガリー領だった。

1918年ハプスブルク帝国崩壊後、両者は合併し、後に分離独立した。

鉄道客室　1899　ヤン・コチェラ　Ringhofter company

地区会館　1904　ヤン・コチェラ　ハラデツ

地区会館　エントランス　1904
ヤン・コチェラ　ハラデツ

レストラン・ペクロ　1900　ユルコヴィチ　ナーホト　ドウシャン・サーモ・ユルコヴィチ

ブリデルニ・コロネード　Vřídelní kolonáda　カルロヴィ・バリ　1910

郵便宮殿　1915　パールトシュ・ジュラ　ポジョニ(ブラチスラヴァ)

カフェ・コルソ　1898　フリードリヒ・オーマン　プラハ

再開発前のゲットー　1893年頃　プラハ

人類館計画案　1900　アルフォンス・ミュシャ　1900年のパリ万博フランス館に展示された作品。
当時ミュシャはパリで活躍していた。

ルーマニア

ルーマニアでは旧ハプスブルク帝国領だったオラデア、アラド、ティミショアラ、クルジュ・ナポカ、トゥルグ・ムレシュなど北部地方に数多くのアールヌーヴォー建築が存在する。

しかし首都のブカレストにも少しはあるものの、完成度は低い。アールヌーヴォーが劇的に発展したブダペストの影響がここまでは届かなかったと思われる。

アッパーハートボルミネッサ城　1906　インテリア
バーリント・ゾルターン　ヤーンボル・ラヨシュ　アスバジュルデスス
Asuvajul desusu

オクナシビウルイの温泉施設　内部

オクナシビウルイの温泉施設　1908
バーリント・ゾルターン　ヤーンボル・ラヨシュ（二人ともハンガリーの建築家）　Ocna Sibiului

ディヌ・リパッティ邸　ブカレスト
ルーマニアの著名なピアニスト
ディヌ・リパッティの旧邸

オデオン音楽店　1900頃　レオニダ・ネグレスク
ブカレスト

集合住宅計画案　1908　ヴァーゴー兄弟　オラデア

銀行コンペ応募作　Löbl Ferec　1906　オラデア

アラド殉教者ミュージアム　コンペ応募案　1903　ヴァーゴー兄弟　アラド

ロシア

1917年のロシア革命のあと、1924年ジョージア出身のスターリンが政権を握り、共産党一党が独裁的権力を握る。

共産党の思想では、人民は皆平等でなければならず、首都モスクワでは格差のある個人住宅は非とされ、次々と取り壊され、モスクワ市民は99%が集合住宅に住むことになった。破壊の嵐の中で、旧リャブシンスキー邸（現ゴーリキー博物館）などごく一部の住宅のみが残された。それらは今、公的な施設となり保護されている。

同じヒョードル・シェーフテリ設計のモロゾフ邸はリャブシンスキー邸より8年早い1894年に建てられた。後年のアールヌーヴォー（ロシアモダン）は見られず、伝統的による内装だが、壁面や天井の装飾は負けず劣らず華美に見える。

ロシアの南方コーカサス地方のキスロヴォトスクには著名な温泉があり、それらの施設の建物がアールヌーヴォー様式で建てられ、現在も多く残されている。

Poster for an exhibition of French art held in St. Petersburg in 1899.

フレンチアート博覧会　ポスター　1899　サンクト・ペテルブルグ

音楽の世界博覧会　ポスター　1900
サンクト・ペテルブルグ

フレンチアート博覧会　ポスター　1899
サンクト・ペテルブルグ

個人邸宅　1900　キスロヴォトスク　作者不明　コーカサス

モロゾフ邸　エントランスホール　1894　ヒョードル・シェーフテリ　モスクワ

モロゾフ邸　ライブラリー

モロゾフ邸　階段とエントランス

モロゾフ邸　ダイニングルーム　ヒョードル・シェーフテリ

デロティンスキー邸　メインホールの暖炉
ヒョードル・シェーフテリ

デロティンスキー邸　1900　ダイニングルーム
ヒョードル・シェーフテリ

木造の家の小塔　Goroknovets

めん鳥の足の小屋　Victor Vasnetsou　1883
モスクワ近郊　アブラムツェボ

ダイニングルーム
現代アートショー　1903
Arexander Benis
Euluney Lanceray

人民の家　G.Liutsedgrsky

アルゼンチン（ブエノスアイレス）

フリアン・ハイメ・ガルシア・ヌーニェス

建国100年記念博覧会メインゲート　フリアン・ハイメ・ガルシア・ヌーニェス

フリアン・ハイメ・ガルシア・ヌーニェスはブエノスアイレス生まれ。長じてバルセロナに赴き、ルイス・ドメネクに学んだ。したがって彼の作風はドメネク風で、スペイン病院はその傾向が強い。左3分の2が失われても、まだまだ美しい建物だ。移民建築家の多いブエノスアイレスで生粋の地元建築家として活躍し、建国100年記念博覧会でも会場設計者に選ばれた。

スペイン病院　完成時の写真（3分の2が損なわれている）　フリアン・ハイメ・ガルシア・ヌーニェス
ブエノスアイレス

アメリカ

交通会館（トランスポーテーションビル）の入口の大アーチは、イギリスのヘンリー・ホブソン・リチャードソンの影響ともいわれ、サリヴァンの得意技。イギリスのチャールズ・ハリソン・タウンゼントも多用した。

トランスポーテーションビル　コロンビア博　1893　ルイス・サリヴァン

ルイス・カムフォート・ティファニーのスタジオ
メトロポリタンミュージアム(復元)
ニューヨーク

中国（旧満洲）

中国のアールヌーヴォー建築は黒龍江省（旧満洲）のハルビンと山東省の青島に多くある。

その訳はハルビンはロシアに租借され、引き続き日本が占領していた時期がアールヌーヴォーの盛期と重なったためである。また青島は同じくドイツに租借されており、ドイツ総督邸などレベルの高い建築が多い。

ハルビンのアールヌーヴォー建築はロシアの東清鉄道の建設したものが多く、撤退後取り壊されたものが多い。

その中でもハルビン駅は完成度が高く、今でもカラー写真や模型が博物館など随所で見られる。その他にも設計者不詳ながら、ハルビン工業技術学校、旅順賓館、皎澳警察公署など惜しい建築が失われた。

旅順賓館の写真は大連現代博物館に飾られていたもので建物の何分の一しか写っていないが、窓の意匠は本場ブリュッセルにも負けないくらい凝っていて、もし完全な写真があるとすれば是非見てみたいと思う。

ハルビン駅　ハルビン

ハルビン工業技術学校
ハルビン

旅順賓館　旅順

旧大連消防署　前田松韻　大連

胶澳警察公署　1904
胶澳

車清鉄道社宅　ハルビン

旧イタリア領事館　ハルビン

光明社電影院　ハルビン

行政街上倭国人経営の商店

ハルビン道理郵便局

松浦洋行　ハルビン

ロシア教会　ハルビン

阿吉謝夫兄弟商会　ハルビン

白系ロシア人住宅　ハルビン

日本

日本で最も有名なアールヌーヴォー建築は、北九州市にある旧松本健次郎邸で、明治の重鎮、辰野金吾の設計で、現在は国の重要文化財として大切に保護されている。

この辰野の設計した建物がある。第一生命保険相互会社本社ビルの中庭部分で、外観はルネサンス風。辰野は1919年に他界しているので最晩年の作品と思われる。東の辰野、西の武田といわれた武田五一の福島邸は日本のアールヌーヴォー建築の最も早い例の一つで武田のイギリス留学のたまものである。

もう一人の歴史的人物は、ライトの直弟子田上義也(たのうえ)である。帝国ホテルの建設が完了したあと田上は札幌に移る。始めは設計から離れていたが、周りが放っておかず、次第に設計にのめり込み、北海道一円に29軒の建物に携わった。地元の建築家圓山彬雄先生によれば札幌にある主要作品10軒はすべて壊されたという。

写真集『幻景の東京』藤森照信、初田亨、藤岡洋保編著を見れば、日本にも数多くのアールヌーヴォー建築があったことがわかる。特に民間の建築に面白いものが多く、アールデコとの合いの子の様式も多い。

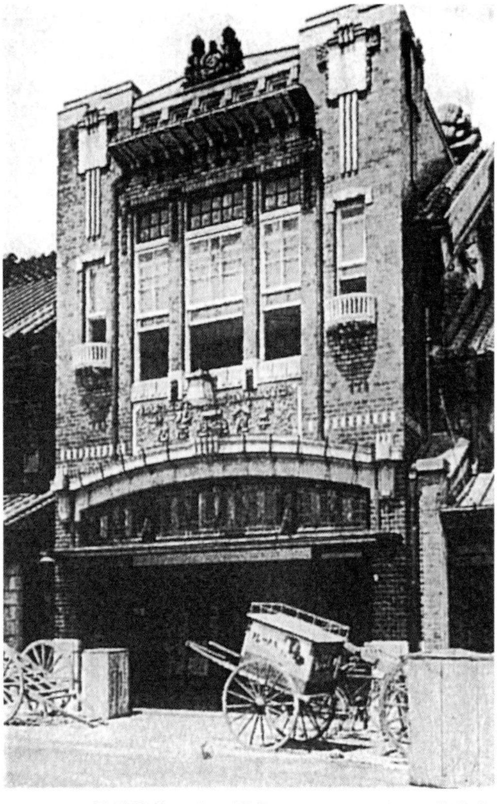

民間建築の中で最もアールヌーヴォー的建築
平尾鉄也商店　東京　幻影の東京(柏書房)より

福島行信邸　1906　武田五一　東京

横浜銀行集会所　1905　遠藤於菟

吾楽　東京

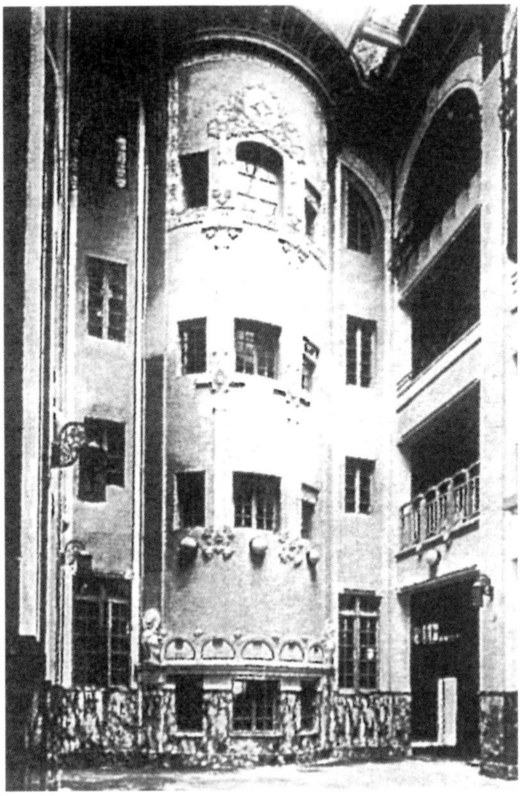

第一生命保険相互会社本社ビル　中庭　1921
辰野金吾(松本與作)　東京

井口商店　東京

越前屋呉服店　東京

忠勇社　東京

関口洋品店　東京

小川屋呉服店　東京　映画館の意匠はアール・デコが多い。
この上下二つの建物はその中でもアールヌーヴォーの特徴を兼ね備えていて美しい

大正イマジュリィ（イメージ）の時代、博覧会や食料品、化粧品などのポスターにアールヌーヴォーが多く使われた。北野恒富をはじめ、杉浦非水、小林かいち、高畠華宵らが活躍し、当時の乙女たちの心を揺るがせた。

非水の賞状のデザインはかなり珍しいもの。

神戸湊川貿易製産品　共進会のポスター　北野恒富　1911

第3回児童博覧会　表彰状　杉浦非水

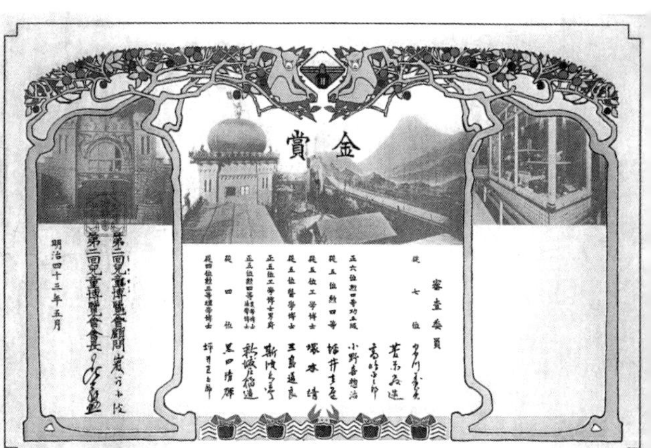

第2回児童博覧会　表彰状　1910　杉浦非水

電気博覧会　東芝館　1918

東京勧業博覧会　キリンビール館　1907

台湾博覧会
迎賓館　内部

山の家（模型）
滝沢真弓　1921

この頁の作品はほぼアール・デコ

ともゑや　東京

森永キャンディストアー　東京

川嶋屋　東京

門坂屋

菊屋　1910

松屋呉服店　東京

神本理髪店　1904　久保田小三郎　大阪　日本

鈴木鞄店　東京

豊多摩監獄　後藤慶二

小熊邸　1927　田上義也　札幌市

小熊邸　リビングルーム　ライトの影響が強い作品

小熊邸

田上義也

旧帝国ホテルの設計を託されたフランク・ロイド・ライトはアントニン・レーモンドと共に来日し、2年間滞在して日本で設計を行った。この時の日本人スタッフとして遠藤新、上浦亀城らと共にライトを支えたのが田上であった。そして、1923年9月に全館完成。その落成式の日に関東大震災が起きた。

その頃なぜか田上は東京を後にし、札幌に向かった。そこで田上は設計をやめ、ヴァイオリンを教えていたが、周りがほっておかなかった。現地でアイヌの保護に生涯をかけたバチェーラ博士が田上の才能を知り、再び建築の世界へ引き戻した。そしてバチェーラ学園を皮切りに、多くの住宅作品を北海道に残した。

しかしながら時代の流れは激しく、札幌にある住宅作品はすべて解体され無くなってしまった。（圓山彬雄氏による）

太秦邸　田上義也　札幌市

レストラン亀屋　1929
田上義也
デイルームを併設した
ドイツ表現主義的作品

コラム Column

失われたシナゴーグ

シナゴーグとはユダヤ教の教会のことである。旧ハプスブルク帝国においては、1848年の皇帝フランツ・ヨーゼフによる移動の自由、1867年の市民権の付与以来ユダヤ人の流入が続き、1900年にはブダペストの人口の20%、選挙権者の40%に達したという。当時の選挙権は有産階級にしか与えられなかったので、金融で力をつけたユダヤ人がいかに金持ちだったかわかる。

そのユダヤ人の拠り所として数多くのシナゴーグが建てられた。ブダペストには20にあまるシナゴーグがあった。ウィーンにも同じくらいあったが、現在は街の隅に1カ所残るだけになっている。

シナゴーグが破壊された理由は、ヒットラーによる第2次世界大戦だった。ユダヤ人撲滅の旗印のもと、ユダヤ人の持つ富を奪うために大虐殺を行ったナチス、ナチスと戦った連合軍の爆撃、同じく後からやってきたソ連軍によってシナゴーグは徹底的に破壊された。

シナゴーグ　ロマーン・エルノ（ブダペスト近郊）Aszód　ハンガリー

シナゴーグ　1908　Fenyves Károly　パンチェボ　セルビア

ケーバーニャシナゴーグ　計画案　Schöntheil Richárd　ブダペスト近郊　ハンガリー

シナゴーグ　Kronfusz János　バンベルク　ドイツ

シナゴーグ　計画案　1899　ウルマン・ジュラ　セゲ

この本を読んでもらいたかった先生方、２０１１年から２０１７年にかけて尊敬する建築史家、建築家、写真家の方々が次々と亡くなってしまった。
親しく交わった方、また会ったことはないが密かに敬愛していた方などさまざまである。
追悼の意味を込めて綴ってみたい。

鈴木博之東京大学名誉教授（2014年2月3日逝去）

鈴木先生とは１９８４年に「新建築」のヨーロッパ建築視察ツアーでご一緒した。先生は解説する方、私は教わる方だったが、同い年でもあり親しくさせていただいた。先生はイギリス留学の経験があり、ゴシックが特に詳しかった。
パリ郊外のサン・ドニの教会はゴシック建築の第１号ということで興奮しておられた。
フィレンツェのレストランで昼食をご一緒した時に「小谷さんと居るとおいしいものが食べられますね」と言われたことが印象に残っている。
この年に著書『建築の七つの力』（鹿島出版会）が芸術選奨新人賞に選ばれた時にお祝いの手紙を差し上げたことだった。先生は柔和な見た目とは裏腹に相当な暴れん坊で、安藤忠雄を東大教授にしたのは先生の推薦によるという。
晩年、愛媛県八幡浜市の日土小学校の保存運動に取り組んでおられたが、お目にかかれずじまいで残念でたまらない。

黒沢隆先生（2014年3月15日逝去）

黒沢先生とは高知市の「ユキヤ」という毛糸店の設計をお手伝いさせていただいた。商店街にある超狭小敷地に建つ３階建で、極限まで縮めた階段には驚かされた。
お酒の好きな方で、高知についたその日に「葉牡丹」という老舗の居酒屋を見つけられた。酔うと眠りながら歩くことができるすごい人だった。
個室群住居で知られ、作風はモダニズムで、ムダのない設計をする方だった。
鎌倉の鶴岡八幡宮の境内に自宅があり、泊めていただいたこともある。
毎年クリスマスカードを送ってくれたが、それが途絶えた時が先生のお亡くなりになった時だった。

橋本文隆先生（2011年4月26日逝去）

橋本先生とは面識はまったくありません。新建築誌で木島安史先生との共作の建築写真を見たことがある程度ですが、先生の著書『図説アールヌーヴォー建築—華麗なる世紀末』（河出書房新社）が私のアールヌーヴォー建築研究のバイブルの一つとして座右に置いたという一方的に尊敬の念を抱いている方です。

ふくろうの本の140頁の中に数多くの刺激的な情報がいっぱい詰まった素敵な本で、拙著『アールヌーヴォーの残照』の中で取り上げたアルゼンチンにも出かけるきっかけとなった本でもあります。

橋本先生は本の巻末にアールヌーヴォー建築に魅せられ、ひたすらアールヌーヴォー建築だけを追っかけ30余年と書いておられる。私も同じ道を30余年。外国のどこかですれ違ったことがあるかもしれない。

田原桂一先生（2017年6月6日逝去）

田原先生は長くパリに住み、建築写真を中心とする写真家。

三宅理一先生との共著『世紀末建築』（講談社）の著者。この本は30㎝×43㎝の巨大な本で、6冊で22万円もする高価な本。しかも重さが1冊2・2㎏もある。

写真は全て田原先生で、文章は三宅先生。主として写真集なのだが、巻末の資料がまた圧巻。大いに参考にさせていただいた。

先生はパリ在住なのでうらやましかった。

私などは近年こそ1年に6回も取材に出かけられたが、若い頃は1年に1回で、その行動範囲は比べものにならないほど狭かった。

いつか先生を越えようという目標があって、年をとってきて海外にいつでも行けるような境遇になって、少しは肩を並べられるかな……と思っていた矢先、新聞で先生の訃報を知った。

私が尊敬し、愛する先生方がお亡くなりになった。

コラム Column

第2回近代オリンピック（パリ）

フランスのクーベルタン男爵の提唱による近代オリンピックは１８９６年発祥の地であるギリシャのアテネで開かれた。

そして記念すべき第２回オリンピックは１９００年、第13回万博博覧会の余興としてパリで開催。

参加国は13カ国。競技種目は陸上、水泳、レスリング、サッカー、ラグビー、クリケット、水球、ヨット、体操、馬術、テニス、自転車、アーチェリー、射撃、バスクペロタ、クロッケー、ポロ、綱引きなど19競技。万博の付属大会だったため、期間は５月14日から10月28日まで長期に渡って行われた。

またメダルが授与されたのはクーベルタンが直接かかわった陸上競技だけで、他の競技については協議の結果２年後に与えられたという。

また、特筆すべきは綱引きが競技に含まれていたことだ。それは７月16日にブローニュの森で開かれた。写真を見るとまるで田舎町の町民運動会のようでほほえましい。

コロナ禍での開催で議論をよんだ２０２０東京大会とクーベルタンはどちらに軍配を上げるだろう。

コラム Column

オリンピックアラカルト

１９００年のパリ万博と同時開催された第２回オリンピックを記念してできたカクテルがある。

名前は文字通りオリンピックカクテル。提供したのは名門ホテル、リッツ・パリ。

レシピはブランデーベースにオレンジジュースとリキュールを等分に配したもの。

カクテル言葉は「待ち焦がれた再会」だそうだ。

オリンピックの年に人気を取り戻すので、永遠に廃れることのない得な性格を持ったカクテルだ。

知られざる
アールヌーヴォー建築

孔雀館　カヴァルリ&コレー　ジュネーヴ

孔雀館　ピクテ・ド・ロシュモン大通り7
ウージェーヌ・カヴァルリ&アミ・ゴレー
ジュネーヴ　スイス

聖パウロ教会　モーザー　1901　バーゼル

住宅　Estarreja　ポルトガル

大型の倉庫　1927　ポルト　ポルトガル

セント・アンド・リュース　イースト　チャーチ　1904
ジェームズ・ミラー　グラスゴー

Villa bemasconi　1905　Campanini　イタリア

住宅　オルレアン　フランス*

中央広場　バレンシア　スペイン

掲載した作品の中で脚注に＊とあるのは、インターネットでアールヌーヴォー建築で検索していると、突然現れた写真群である。まったく知らない建築ばかりでもう一度見ようとしてもまったく出てこない。一体どこの国の何という建物かを知りたくて載せました。版権をお持ちの方には然るべき料金をお支払いしたいと思っております。お知りになっている方がいらっしゃれば是非ご連絡いただきたいと思います。連絡先はプロフィール（２０８頁）にあります。

集合住宅　バレンシア　スペイン*

グランドホテル　ジュゼッペ·ソマルーガ　ヴァレーゼ　イタリア

水力発電所　1906　ガエタノ·モレッティ　トレッツォ・スッラッダ　イタリア

詳細不明

ウラジオストク駅　1912　E・バジレースキー&N・コノヴァーロフ　ウラジオストク　ロシア

詳細不明*

ロシア連邦銀行(旧国立銀行)　1913　V･ポクロフスキー　ニージュニー･ノヴゴロド　ロシア

詳細不明

ホテル　アメンデ・ヴィラ　パルヌ　エストニア

チュニス市立劇場　1902　ジャン・エミール・レスプランディ　チュニジア

ゾンネンハウス（太陽の家）　1902
コブルグ Coburg　ドイツ*

住宅　ウッチ　ポーランド

住宅　ウッチ　ポーランド*

詳細不明*

詳細不明　キューバ?*

シャトー・ルミエール　階段室　リオン　フランス
映画の発明者であるリュミエール兄弟の館　設計は兄弟の父　アントワーヌ

シャトー・ルミエール　リオン　フランス
別冊太陽（平凡社）　アールヌーヴォー、アール・デコⅢより転載

アルフォンス・ミュシャ

ミュシャはチェコ生まれの画家、グラフィックデザイナー。

パリに出て、女優サラ・ベルナールのポスターの連作で一躍有名になり、地位を不動のものにした。華やかで大モテのミュシャだが、一方で愛国心も人一倍強かった。

20世紀初頭、プラハに市民会館が出来ることになり、その主任建築家となったオズワルド・ポリーフカはチェコ中の芸術家を総動員して館内を飾りたてた。

そしてミュシャに市長ホールのインテリアが任された。

ミュシャはナショナリズムの観点から、円天井に「スラヴの一致」と名付けられた絵を描き、壁部分に当たる8つのペンデンティブにはチェコの有名な人物や擬人化した市民の美徳が描かれている。

その後ミュシャは1910年より16年にわたり、20作に及ぶ大作、スラヴ叙事詩を描いた。

「スラヴの一致」 市民会館 市長ホール アルフォンス・ミュシャ プラハ

「ボヘミアの王冠」 市民会館　市長ホールの壁画　アルフォンス･ミュシャ　プラハ

プラハ市民会館　市長ホール　アルフォンス･ミュシャ　プラハ

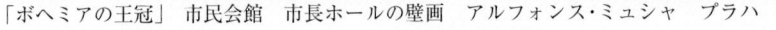

あとがき

POSTFACE

脱稿したこの本のゲラ刷りを見てため息が出た。人類はこんなにもたくさんの文化的遺産を失った。一方で戦災から立ち上がり、破壊された建物のレンガを一個一個拾い、積み上げて元通りに修復した人たちの努力にも敬意を表したい。

また執筆を通じて面白いことがたくさん分かってきた。

１９００年のパリ万博の余興として、第2回オリンピックが同じパリで細々と行われたこと。同年パリの地下鉄が開通し、万博見物の多くの人が利用した。この地下鉄の駅舎はギマールが設計したもので、典型的なアールヌーヴォー様式で、パリっ子を驚かせ、いくつかの駅舎は現在も現役で残っている。セーヌ川を挟んで設けられた南北の会場を結ぶアンヴァリッド橋には動く歩道まで併設されていた。

日本が初めて万博に出展したのは１８６７年のパリ万博だった。団長は徳川慶喜の弟・昭武。総勢23名。昭武はまだ14歳だった。若き渋沢栄一も経理係として参加していた。日本からは美術工芸品のほか、和紙、提灯、扇子、酒、醤油、鏡などの日用品が多かったが、すべて完売したという。

この旅には実は隠された使命があって、長州と戦うための費用６００万ドルをフランスから借用することだったという。

「**博覧会の建築**」

何といっても圧巻は１９００年のパリ万博だった。史上最大の万博で、しかもアールヌーヴォーの最盛期とあって、地元のビング館はじめ、オーストリアのヨゼフ・マリア・オルブリッヒ、ヨゼフ・ホフマンが、フィンランドからエリエール・サーリネンが、ハンガリーからバーリント・ゾルターン、ヤーンボル・ラヨシュのコンビが、さらにドイツやロシアからの多くの国の参加があった。

またライモンド・ダロンコが大活躍した1902年のトリノ国際装飾芸術博覧会、ピルチ・アンドールの一人舞台だった1907年のペーチ内国博覧会は建物の完成度が高く、もし残っていれば、アールヌーヴォー建築のトップにランクされるものであった。

「戦災等で失われた建築物」

特筆すべきはパリの百貨店群である。表紙に採用したヴァイセンビュルガーのウユニ百貨店、フランツ・ジュルダンのサマリテーヌ百貨店、オスケールのフェリックス・ボタン百貨店、ボワローのボン・マルシェ百貨店、ルネ・ビネのプランタン百貨店はいずれも第一級のアールヌーヴォー建築であった。

また各国の多くの人気建築家、フランスのギマール、ドイツのエンデル、各国を渡り歩いたヴァン・デ・ヴェルデの秀作が失われた。

著者がもっとも過激で気に入っているのが、ハンガリー・エゲルのレーグマン・ヴィラである。

また、デザインが優れているのがブダペスト、アールカイ・アラダールのハボハイ邸である。この建物は残っているが、装飾はすべてはぎ取られてノッペラボウになっている。

この数年で『アールヌーヴォーの残照』『ハプスブルク帝国のアールヌーヴォー建築』『一度は行きたい幻想建築』そしてこの本と4冊を出版し、世界のアールヌーヴォー建築を概観できたと思うのだが、まだまだ世界にはまだ見ぬアールヌーヴォー建築がたくさんある。

コロナさえおとなしくなれば、出かけて行って、また本にして紹介しようとひそかに目論んでいる。乞うご期待。

令和3（2021）年　小谷　匡宏

参考文献　REFERENCES

- A SZÁZADFORDULO MAGYAR FPITE SZETE
  (世紀転換期のマジャール建築)
- アール・ヌーヴォーの建築
  フランク・ラッセル編　ADA EDITA Tokyo Co., Ltd
- 世紀末建築 (FIN・DE・SIÈCLE ARCHITECTURE)
  全6巻　三宅理一　田原桂一　講談社
- アール・ヌーヴォー　クラウス・ユルゲン・ゼンバッハ
  TASCHEN
- アールヌーヴォー　スティーブン・エスクリット　岩波書店
- アール・ヌーヴォーの世界　学習研究社　全5巻
- アールヌーヴォー建築　橋本文隆　河出書房新社
- 他都市建築家作品集多数
- ヨーロッパのアールヌーボー建築を巡る　堀本洋一
  角川SSC新書
- 世紀末の美と夢 (全6巻)　辻邦生　集英社
- 近代建築史図集　日本建築学会　彰国社
- 近代建築史概説　近江栄　他　彰国社
- 近代建築の系譜　大川光雄、川向正人、初田亨、
  吉田鋼一　彰国社
- 地球の歩き方　ダイヤモンド社
- アール・ヌーヴォー　S.T.マドセン　美術公論社
- アール・ヌーヴォー　マリオ・アマヤ　PARCO出版
- モダン・デザイン全史　海野弘　美術出版社
- 近代建築の黎明　ケネス・フランプトン　GA
- LA FACADE ART NOUVEAN　AAM
  ARTISANS ET MÉTIERS
- 薔薇と幾何学　下村純一　平凡社
- 西洋温泉事情　池内紀　鹿島出版会
- 反合理主義者たち　N・ペヴスナー、J.M.リチャーズ
  鹿島出版会
- 近代建築の目撃者　佐々木宏　新建築社
- 東ヨーロッパのナイススペース　SD：92：07　鹿島出版会
- アールヌーヴォー・アールデコ　別冊太陽　平凡社
- アールヌーヴォー・アールデコ　読売新聞社
- 装飾デザイン　学研z
- 魅惑の世紀末　海野弘　美術公論社
- EXPO　CORRIERE DELLA SERA　RIZZOLI
- 図説 ハプスブルク帝国　加藤雅彦　河出書房新社
- ハプスブルク帝国　岩﨑周一　講談社
- 皇妃エリザベートとハプスブルク家　新人物往来社
- International Arts and Crafts
  Karen Livingstone, Linda Party
  ビクトリア・アルバート博物館
- ZSINAGÓGÁK SZLOVÁKIÁBAN　Pusztay Sándor
  KORNÉTÁS
- ナチスの戦争1918-1949　リチャード・ベッセル　中公新書
- 世紀末ウィーンのユダヤ人　S・ベラー　刀水書房
- 民族世界地図　浅井信雄　新潮文庫

[オーストリア]

- ウィーン精神　V.M.ジョンストン　みすず書房
- 世紀末ウィーン　カール・E・ショースキー　岩波書店
- VIENNA　n. f. Ullmann
- OTTO WAGNER　UND・SEINE SCHULE
  WALTER ZEDNICEK
- WIENER ARCHITEKTUR UM 1900
  WALTER ZEDNICEK
- オットー・ワーグナー　M・パイントナー；
  H・ゲレーツェッガー　鹿島出版会
- ADOLF LOOS・JOSEPHINE BAKER
  Uitgeverij・olo　Rotterdam
- OLBRICH ARCHITECTURE　RIZZOLI　NEW YORK
- IDEEN・VON・OLBLICH　ARNOLD SCHE
- Parmstadt und der Jugendstil　Hans-C・Hoftman
- Josef Hoffmann　Zanichelli a cura di Gluliano Greslerl
- Otto Wagner　Zanichelli a cura Glancarlo Bernabel
- HAUS WITTGENSTEIN Eine Dokumentation
- ARCHITEKTUR IN WIEN　Die Geshaftsgruppe
- Vlenna L'OPERA DI OTTO WAGNER CLUP GUIDE
- Vlennese Jugendstil　www.FALTER.AT
- JUGEND STIL IN WIEN　PETER・SCHUBERT　KRAL

[ハンガリー]

- A SZÁZADFORDULO MAGYAR EPITESZETE
- レヒネル・エデンの建築探訪　寺田生子、渡辺美紀　彰国社
- レヒネル・エデン　赤地経夫　INAXギャラリー
- ハンガリーの建築・陶芸と応用美術
  京都国立近代美術館　京都国立近代美術館

[その他]

- EXPO　CORRIERE DELLA SERA　Rizzoli
- 万博の歴史　平野暁臣　小学館
- 万国びっくり博覧会　橋爪紳也　大和書房
- プリンス昭武の欧州紀行　宮永孝　山川出版社
- 絶景、パリ万国博覧会　鹿島茂　小学館
- パリ・世紀末パノラマ館　鹿島茂　中公文庫

- 幻景の東京　藤森照信、初田亨、藤岡洋保　柏書房
- 明治の東京写真　石黒敬章　角川学芸出版
- 田上義也建築画集　KENSETSUCHAS VERLAG TOKIO

[フレーム]

- アール・ヌーヴォー&アール・デコ ロマンティック装飾素材集　パピエ・コレ　技術評論社

掲載した写真の中で脚注に*とあるものは、インターネットに掲載されていたものを引用させていただいたものです。
版権をお持ちの方には然るべき料金をお支払いしたいと思っております。連絡先はプロフィール（208頁）にあります。

- ART NOUVEAU in HANGARY　Judit・Szabadi
- レヒネル・エデンの建築　INAX
- MAGYAR EDE　Bakonyi Tibor AKAÉMIAI　KIADO BUDAPEST
- Ede MagYar　TIBOR BAKONYI
- ブダペストの世紀末　ジョン・ルカーチ　白水社
- KECSKEMÉT　KECSKEMÉTI LAPOK
- LeCHNER ÖDÖN　BAKONYI TIBOR-KUBINSZKY MIHÁLY　CORVINA KIADÓ
- LECHNER　HALÁSZ CSILLA, LUDMANN MIHÁLY, VICZIÁN ZSSÓFIA　LÁTÓHATÁR KIADÓ
- SZÉKESFEHÉRVÁR　Magyarország Kincsestára
- Vác　Az élmények városa

[チェコ]

- プラハのアール・ヌーヴォー　田中充子　丸善
- プラハを歩く　田中充子　岩波新書
- プラハの世紀末　平野嘉彦　岩波書店
- Art-Nouveau Prague　Petr Wittlich, Jan Maly
- PRAG UND DER JUGENDSTIL JIRI VSETECKA RAJI
- 市民会館ガイドブック　市民会館
- OBECNIDUM/MUNICIPAL HOUSE FILIP WITTLICH, IVAN KRAL　MUNICIPAL HOUSE
- NARODNI DUM V PROSTEJOVE PROSTEJOV, MESTSKE　STREDISKO
- Brno　NAKLADATELSTVI　K-PUBLIC

[スロベニア]

- ヨージェ・プレチニック　SD 87:11 鹿島出版会
- MAX FABIANI NUOVE FRONTIERE DELL' ARCHITETTURA　Cataloghi Marsilio

[スロヴァキア]

- ブラチスラヴァ　MARTIN SLOBODA
- Košice City Guide

[ロシア]

- ロシア建築案内　リシャット・ムラギルディン　ToTo出版

PROFILE

小谷（おだに）　匡宏（ただひろ）（一級建築士、元高知県及び四国バスケットボール協会会長）

昭和20年11月10日　高知県生まれ
昭和39年　土佐高等学校　卒業
昭和44年　芝浦工業大学建築学科　卒業
同年　ASA設計事務所（高知市）入社
昭和49年　小谷匡宏建築設計事務所　設立
昭和55年　同事務所を株式会社小谷設計に改組　代表取締役社長
平成28年　株式会社小谷設計　取締役会長　（現在は介護一筋）

［受賞歴］
昭和59年　第1回高知市都市美デザイン賞（鈴木東グリーンハイツ）
平成２年　第7回高知市都市美デザイン賞（帯屋町一番街アーケード）
平成７年　通商産業省グッドデザイン賞
（高知県高岡郡梼原町地域交流施設「雲の上ホテル・レストラン」、隈研吾氏と共同受賞）

［著　書］
『ドキュメント 大二郎の挑戦』（小谷設計、1992年）
『大二郎現象』（小谷設計、1994年）
『土佐の名建築』（共著　高知新聞社、1994年）
『土佐の民家』（共著　高知新聞社、1997年）
『海外遊学紀行』（南の風社、2017年）
『アールヌーヴォーの残照～世紀末建築・人と作品～』（三省堂書店、2017）
『ハプスブルク帝国のアールヌーヴォー建築』（リーブル出版、2020）
『一度は見たい幻想建築』（大和書房、2020年）

バイクに凝っていた高校3年生の頃

株式会社小谷設計
〒781-5106 高知県高知市介良乙822-2
TEL：088-860-1122　FAX：088-860-5346
携帯：090-1174-9195
E-mail：odanis@mocha.ocn.ne.jp

失われたアールヌーヴォー建築

発行日　2021年11月10日　初版第1刷発行
著　者　小谷　匡宏
発行人　坂本圭一朗
発行所　リーブル出版
〒780-8040 高知市神田2126-1
TEL 088-837-1250
編　集　小谷　匡宏

ISBN 978-4-86338-306-7